Dieter Böhm

Das BIRKENBIHL-Virus

Vorsicht – ansteckend!

Wissen und Können erwerben
durch gehirn-gerechtes Lernen

FLVG
Qualität macht Schule

Bibliografische Information der Deutschen Nationalbibliothek

Die Deutsche Bibliothek verzeichnet diese Publikation in der Deutschen Nationalbibliografie; detaillierte bibliografische Daten sind im Internet über http://dnb.ddb.de abrufbar.

Originalausgabe

1. Auflage 2010

www.flvg.de

Satz und Lektorat:	TWINevents, Barleben D. Böhm u. J. Böhm GbR
Illustration:	Gitta Meichsner
Umschlagsgestaltung:	FLVG, Plauen
Druck:	Süddruck Neumann GmbH & Co. KG, Plauen

Printed in Germany

ISBN: 978-3-933193-68-1

Für Martina

Vorwort 6

Hinein ... Kaninchen, Meme und Mongolen..........8

1. Gerechtigkeit fürs Gehirn.......................... 12
1.1. Haben Sie heute schon patiert? 14
1.2. Alles SINN-los? 15
1.3. Schätzen Sie mal!.............................. 17
1.4. Die MERK-würdigen Methoden der Vera F. Birkenbihl 21
1.5. Aller guten Kügeli sind Sieben 24
1.6. Das Lernberg-Modell 26
1.7. Den Lernberg hochheben 38

2. Assoziatives Denken – Ihr Geburtsrecht........ 43
2.1. Was Musik, Sex und Lernen gemeinsam haben 43
2.2. Das ABC-Virus oder das Jena-Syndrom ... 47
2.2.1. Mitschrift – mal anders 51
2.2.2. Denke nie, gedacht zu haben........... 53
2.2.3. Abnehmen im „Goldenen Schnitt“..... 55
2.2.4. Wozu eine Toilette gut ist................ 60
2.2.5. Die AAA-Story 64
2.3. Kunde König, oder was? 65
2.4. Die offene Verschlusssache 69
2.5. Was bitte ist „Salpausselkä“ oder die Demokratie der Worte 74

3. Metaphern, Stories, Emotionen 78
3.1. Das Metaphern-Drama 78
3.1.1. Die Jagd auf der A9........................ 79
3.1.2. „Sind Sie BALLACK?“ 83

3.2. Story-Power.. 86
3.2.1. Der Werbetexter und der Blinde....... 86

3.2.2. Warum Affen Bananen nicht mögen .. 87
3.2.3. Die wilden Kerle 88
3.2.4. Probieren geht über studieren.......... 91

4. Mit Wissen spielen – Die WQS-Technik 94
4.1. Die Stradivari und Ihr Bauchnabel.......... 95
4.2. Was der Mann einer Frau nicht vorenthalten darf 97
4.3. „Beginne den Tag mit einem Lächeln!“.. 102

5. Die Sache mit dem Üben 107
5.1. „Ich habe eben für Mathe kein Talent“ .. 108
5.2. Die Trainings-Tipps der Profis 112
5.3. Alice, der Mars und die Amateurkreuzung 135
5.4. Steine im Fluss - So übt Vera F. Birkenbihl 137

Heraus 142

Anlagen 143
Anlage 1 – Auflösung der MÄNTYLÄ-Übung .. 143
Anlage 2 – ABC-Liste: Gewöhnliche und außergewöhnliche Gedenktage ... 144
Anlage 3 – ABC-Liste: Ungewöhnliche Events in Europa 145

Literatur- und DVD-Verzeichnis 146

Stichwortverzeichnis..................................... 148

Vorwort

Welche Gedanken schießen Ihnen bei dem folgenden Satz durch den Kopf:

Bücher sind zum Lesen da,
da schmiert man nicht rein!

Ein Glaubenssatz, der in Deutschland weit verbreitet ist, und dem auch ich 47 Jahre meines Lebens gefolgt bin. Bis dahin habe ich nicht (oder zumindest nicht freiwillig) in ein Buch geschrieben.
Und dann habe ich im Jahr 2003 jemanden kennengelernt. Und gerade **dieser** Kontakt sollte deutliche Spuren hinterlassen. Sicher ist Ihnen sofort klar, um wen es dabei geht: Vera F. BIRKENBIHL oder kurz vfb.

Es kommt nicht von ungefähr, dass dieses Buch ihren Namen im Titel trägt. Warum und wie es zu dieser Begegnung kam, erfahren Sie im nächsten Kapitel „Hinein".

Aber noch einmal zurück zum „Ins-Buch-Schmieren":
Wenn Sie das grundsätzlich nie tun, dann machen Sie bitte hier eine Ausnahme, denn

- erstens sind einige Übungen untergebracht, die Sie an Ort und Stelle bearbeiten können,
- zweitens werden beim Schreiben andere Nervenbahnen aktiviert als beim reinen Lesen, was gut für Ihr neuronales Netz ist,
- drittens beobachten Sie sich genauer beim Nachdenken zu den Aufgaben,
- viertens werden Sie (hoffentlich) AHA-Erlebnisse haben und
- fünftens machen Sie mal etwas anders, als Sie es normalerweise machen, was Ihr Gehirn „aufhorchen" lässt.

Sie merken schon, dieses Buch ist ein Arbeitsbuch.
Nutzen Sie es.

Große theoretische Abhandlungen über die Arbeitsweise des Gehirns werden Sie vermissen. Hier werde ich an verschiedenen Stellen auf weiterführende Literatur verweisen.

Stattdessen möchte ich Sie
* **einladen**, sich dem Virus des „gehirn-gerechten Lernens" auszusetzen
* **ermutigen**, den einen oder anderen Gedanken aufzugreifen und in Ihr Leben zu integrieren und
* **inspirieren**, durch eine Vielzahl von Techniken, Methoden und Beispielen.

Halten Sie ab jetzt IMMER einen Stift bereit und machen Sie aktiv mit. Ihr Gehirn wird es Ihnen danken.

Dr. Dieter Böhm

Hinweis:
Das aktive Lesen dieses Buches verändert Ihr Gehirn. Sollten Sie das NICHT wollen, lesen Sie NICHT weiter, sondern verschenken Sie es.

Hinein ... Kaninchen, Meme und Mongolen

Die Infektion

Sicher hatten Sie auch schon einmal einen Infekt. Möglicherweise waren dabei Viren im Spiel. Dann redet man von einer Virusinfektion. Beispiele dafür gibt es genug und gerade in den letzten Jahren geistern Horrorszenarien durch die Medien: Ebola, Rinderwahn, Vogelgrippe, Schweinegrippe, ...
Damit ist der Begriff Virus sehr negativ belegt.

In diesem Buch geht es auch um Viren, allerdings um andersartige, um kulturelle Viren. Richard DAWKINS hat bereits 1976 eine kühne Theorie aufgestellt, wonach es neben den materiellen Viren auch geistige gibt. Dazu zählen Ideen und Gedanken (morgens muss man sich die Zähne putzen), große Theorien (die Stringtheorie der Quantenphysik), Themen aus verschiedenen Bereichen (z. B. der Musik: Beethovens 5. Sinfonie, dem Alltag: gesunde Lebensweise, der Freizeit: Baseballcap mit Schirm nach hinten aufsetzen), kurz alles, was der menschliche Geist produzieren kann. Und derartige Ideen können Menschen genau wie materielle Viren infizieren.

Um über eben solch eine Infektion mit Ideen und Gedanken will ich hier schreiben: die Infektion mit dem Virus des gehirn-gerechten Lernens und Lehrens. Ich nenne es das „BIRKENBIHL-Virus".

Eigentlich war ich ja schon infiziert. Über Vera F. BIRKENBIHL hatte ich viel gehört und gelesen. Eine Sendung bei Bayern Alpha hatte mich stark beeindruckt, so dass ich danach die Bücher „Stroh im Kopf?", „Story Power" und „Humor" gekauft und verschlungen habe.

Diese Art, Dinge mal anders als „normal" zu betrachten, fand ich faszinierend. Außerdem gab es vieles, das ich nicht wusste bzw. kannte. Das war Mitte der 1990er Jahre und seitdem habe ich bei vielen Gelegenheiten ABC-Listen und andere assoziative Techniken eingesetzt. In wenigen Jahren waren grundlegende Ideen aus der BIRKENBIHL-Schmiede in meinem Denken dauerhaft untergebracht. Das Virus hatte sich in seinem Wirt eingenistet. Wenig spektakulär – es war eben da.

Der Ausbruch

Im Jahr 2000 fuhren meine Frau und ich zu einer Veranstaltung nach Köln. In der Köln-Arena erwartete uns die größte Bildungsveranstaltung, die wir bis dahin erlebt hatten – mit knapp 13.000 Teilnehmern. Den Schlusspunkt setzte Vera F. BIRKENBIHL, die ich dort zum ersten Mal live erlebte. Mit einem Feuerwerk an Ideen zog sie das Publikum in ihren Bann. Später erzählte sie mir, dass dieser Vortrag aufgrund von technischen und organisatorischen Problemen für sie einer der schlimmsten überhaupt war. Angemerkt hat man ihr das allerdings nicht. Ich dachte damals: „Diese Frau einmal kennenlernen, das wäre toll!", verwarf diesen Gedanken jedoch gleich wieder. Er war wohl zu unrealistisch.

Dann passierte es doch – und zwar durch Jurek, einen ebenfalls infizierten Freund. Durch ihn gelangte meine Telefonnummer zu Frau BIRKENBIHL und eines Tages im März 2003 klingelte das Telefon. Es meldete sich eine Stimme, die einem sofort suggerierte, dass es hier nicht um small talk geht.

... ob ich bereit wäre für ein Gespräch als Versuchskaninchen

... ob ich die Regeln dafür kenne (sie erläuterte sie mir dann kurz)

... ob wir dann beginnen können.

Yes, we can.
Und dann ging sie mit mir eines ihrer berühmten Wissens-Quiz-Spiele - kurz WQS - als Vorbereitung für einen Vortrag durch. Dass ich jede dieser Fragen beantworten konnte, stieß bei Frau BIRKENBIHL auf Erstaunen. Sie sucht ja für ein WQS zielgerichtet Fragen heraus, deren Antwort eben viele nicht wissen.

In diesem Wissens-Quiz-Spiel ging es um die Mongolei, ein Thema, dass nun nicht gerade zu den Standardthemen in Deutschland gehört.
Die Erklärung für mein „mongolisches" Wissen war allerdings ganz einfach. Ich war zu diesem Zeitpunkt Gründer und Vorsitzender des „Vereins zur Förderung der mongolischen Kultur in Deutschland e.V." mit Sitz in Barleben und aufgrund dessen ganz gut mit der Geschichte der Mongolen vertraut.
War es nun Zufall, dass es beim ersten Kontakt zwischen uns gerade um dieses Thema ging?

Die Beschäftigung mit der methodischen Aufbereitung von Wissen und Können sollte mich von nun an nicht mehr loslassen.

Im ersten Kapitel dieses Buches stelle ich Ihnen einige grundlegende Gedanken und Ideen des Birkenbihl`schen Ansatzes zum gehirn-gerechten Lernen vor, die mich in meinen eigenen Lernprozessen stark beeinflusst haben. In den Kapiteln 2 bis 5 erwartet Sie dann Folgendes:

Kapitel 2: Assoziatives Denken

In meiner Schulzeit wurde sehr viel Wert auf logisches Denken gelegt. Der natürliche Denkstil des Gehirns, assoziativ verbundene Netzwerke anzulegen, wurde weitgehend außer Acht gelassen. Die Faszination assoziativer Verbindungen war mein Einstieg in das gehirn-gerechte Lernen.

Kapitel 3: Metaphern, Stories, Emotionen

Hier liegt das wohl größte Potenzial für menschliche Veränderungen. Wenn wir mit den eigenen Kindern, mit Schülern oder Angestellten reden, fallen wir oft in die „Rechthaberei-Falle". Wer Menschen zu etwas bewegen will, sollte vielmehr mit Metaphern und Geschichten arbeiten. Hier sind einige, die mich beeindruckt haben.

Kapitel 4: Mit Wissen spielen – die WQS-Technik

Eine sehr effektive Form, um in ein Thema einzusteigen, hat Vera F. BIRKENBIHL entwickelt. Es ist das WQS – das Wissens-Quiz-Spiel. Sie erfahren an Beispielen aus meiner Arbeit, wie ich WQSe gestalte.

Kapitel 5: Die Sache mit dem Üben

Wer viel weiß, muss deswegen noch nicht viel können. Um Dinge, die man weiß, auch umzusetzen, ist Training notwendig. Doch wie trainiert man richtig? Hier gibt es einige Tipps von Frau BIRKENBIHL dazu, die mir sehr geholfen haben. Außerdem erfahren Sie einiges zur Frage: Wie werde ich richtig gut (in einem Bereich)?

1. Gerechtigkeit fürs Gehirn

Machen wir an dieser Stelle zunächst ein kleines Gedankenexperiment:
Wenn Sie an den Begriff „LERNEN" denken, wohin gehen Ihre Gedanken?

Notieren Sie Ihre Assoziationen hier im Buch, es ist ja ein Arbeitsbuch:

LERNEN:

Sie sind in guter Gesellschaft, wenn Sie hier in erster Linie an Schule, Pauken und Prüfungsstress denken. Das ist zwar eine Facette des Lernens (für viele leider eine nicht sehr angenehme), aber eben nur eine.

Es gibt auch eine andere, bei der Sie möglicherweise gar nicht an Lernen denken und bei der Ihre Assoziationen eher in Richtung Spaß, Spannung, Leichtigkeit und Faszination gehen, so wie das zum Beispiel bei Ihrem Hobby der Fall ist.

Hier gelingt es Ihnen scheinbar mühelos, Informationen und Fähigkeiten zu erwerben. Sie merken, wie Sie besser werden, bekommen von anderen Anerkennung („Wow!") und sind während der Beschäftigung mit dem Hobby irgendwie in einem anderen Modus.
Wenn Sie das schon einmal erlebt haben, dann könnte es durchaus sein, dass Sie im FLOW (nach Mihaly CZIKSZENTMIHALY) waren. FLOW – ein Zustand, bei dem Sie sozusagen „unter Drogen" sind. Die

Hirnforscher nennen diese (internen) Drogen „neuroplastische Botenstoffe".

> *Prof. HÜTHER: „ ...Botenstoffe ..., die neuroplastische Wirkungen besitzen, also Nervenzellen dazu veranlassen, ihre Verbindungen zu festigen und zu stabilisieren".*
> *Quelle: www.forum-humanum.eu*

Unser Gehirn lernt IMMER – nur nicht immer das, was Lehrer, Eltern oder Chefs gern hätten.

Gibt es da vielleicht Regeln, Methoden oder Gesetzmäßigkeiten nach denen jedes (menschliche) Gehirn vorgeht, wenn wir es lassen? Eine Frage, die in den letzten Jahren zunehmend besser beantwortet werden kann. Mit der Praxistauglichkeit der bildgebenden Verfahren können wir dem Gehirn nun (eingeschränkt) bei der Arbeit zusehen – und Erkenntnisse daraus ziehen. Interessant ist, dass derartige Erkenntnisse nicht unbedingt neu sind. Allerdings waren sie bisher eher der Intuition vorbehalten, als dass eine strenge wissenschaftliche Begründung dafür vorlag. Diese Lücke beginnt sich zu schließen.

Der Entwicklung von Methoden, die die hirneigenen Lernprozesse unterstützen, hat sich Vera F. BIRKENBIHL verschrieben. Bereits im Jahr 1973, also kurz nach ihrer Rückkehr aus den Vereinigten Staaten, prägte sie den Begriff gehirn-gerecht.
Durch ihre Art der Vermittlung von Wissen in Seminaren (vor allem bei Managern) wurde dieser Begriff zu einem Markenzeichen ihrer Person. Dabei achtete die Autorin von „Stroh im Kopf?" immer auf eine möglichst sichere Begründung aus wissenschaftlicher Sicht.

Erst viel später (1988) prägte der Mathematikdidaktiker Gerhard PREIß den Begriff „Neurodidaktik" und meinte

damit in Übereinstimmung mit BIRKENBIHL die Schaffung von Lernmethoden und –konzepten unter Einbeziehung der Erkenntnisse der Hirnforschung.
War Vera F. BIRKENBIHL 1973 noch die einzige, die den Begriff „gehirn-gerecht" (in der Birkenbihl'schen Version IMMER mit Bindestrich geschrieben!) benutzte, so ist er inzwischen modern geworden.

Worin bestehen nun ihre grundlegenden Ideen und Ansätze, die sich so virulent verbreiten? Und welche natürlichen Bedürfnisse hat unser Gehirn eigentlich?

1.1. Haben Sie heute schon patiert?

Diese Frage geht auf ein Experiment des Linguisten Noam CHOMSKI zurück, das der deutsche Hirnforscher Manfred SPITZER aufgreift. SPITZER fordert in Vorträgen die Anwesenden auf, die allgemeine Regel zur Bildung des Perfekt-Partizips für Verben, die auf „-ieren" enden, zu bilden.
Selbst anwesende Deutsch-Lehrer haben damit ihre Probleme und müssen sich die Aufgabe auf der Zunge zergehen lassen. In unserem Gehirn geistern eine ganze Menge Regeln herum, die wir allerdings nicht unbedingt alle aussprechen können. Wir wenden sie weitgehend unbewusst an.

Dazu ein Beispiel:
Nehmen Sie das Wort „diskutieren" und vervollständigen Sie den Satz: „Gestern haben wir ganz schön ....!"

Haben Sie „diskutiert" eingesetzt? Dann haben Sie das Partizip richtig gebildet.
Wie wäre es mit „flambieren": Der Kellner hat die Speisen ....? „flambiert" – richtig.
Wie ist es mit „patieren"? Die Rehe laufen durch den Wald und patieren.

Am nächsten Tag sagen Sie: „Gestern haben wir Rehe gesehen, die haben" ... na? ... „patiert" ... richtig! Patieren, ein Wort, das es nicht gibt. Allerdings können wir recht problemlos das Perfekt-Partizip bilden. Hätten Sie das gedacht?

Unser Gehirn ist mit einem Abstraktions-Mechanismus versehen, der hervorragend arbeitet. Aus Beispielen wird eine Regel abgeleitet, die dann in neuen Situationen angewendet werden kann.
Bekommt das Gehirn nur ein Beispiel präsentiert, versucht es, daraus Regeln zu abstrahieren, was oft misslingt oder zumindest fragwürdig ist. Gehen Sie zum Beispiel das erste Mal in eine Disco, dann können Sie ab sofort dabei mitreden, wie es in Discos so zugeht. Sie werden sicher zustimmen, dass dabei die einmalige „Disco-Erfahrung" nicht sehr repräsentativ ist.
Diese Erfahrung wird umso genauer, je öfter Sie in (verschiedene) Diskotheken gehen.

Halten wir fest: *Unser Gehirn abstrahiert vollautomatisch!*

1.2. Alles SINN-los?

Lassen Sie uns nun zu einer weiteren Vorliebe unseres Gehirns vorstoßen.
Versuchen Sie dazu einmal, das folgende Sprichwort zu verstehen:

„Hurdnii mori ch gesen dörvön tuuraitai."

Na, was könnte das sein? Eine Fremdsprache?
Ja, und wohin tendieren Ihre Gedanken? Wonach klingt es?

Zunächst ergibt das Ganze für Sie keinen SINN, weil Sie es nicht verstehen.
Mongolen haben übrigens dieses Problem nicht.
Ja, ganz richtig, es handelt sich um einen mongolischen Text. Aber auch dieses Wissen hilft Ihnen an der Stelle nicht weiter. Noch ist der Text für Sie SINN-los.

Wie wäre es denn hiermit?
Zur Abwechslung mal ein deutscher Text:

> „ch ds schnllst Pfrd ht nr vr Bn."
>
> (mnglschs Sprchwrt)

Schon besser, meinen Sie? Es ist das gleiche Sprichwort, jetzt eben nur auf deutsch. Allerdings habe ich die Vokale herausgenommen. So ist es im ersten Moment noch unverständlich, mit ein wenig Ausdauer findet unser Geist aber recht schnell eine Lösung. Um einen SINN zu finden, ergänzen wir (sinngemäß). Unser Gehirn arbeitet hier wie ein Lückenfüller. Es versucht einen SINN hinein zu interpretieren.
Diese SINN-Ergänzung ist durchaus nicht unproblematisch. Denken Sie beispielsweise an Gerichtsverfahren, bei denen Zeugenaussagen zu einer Verurteilung führen und im Nachhinein die angeblichen Täter rehabilitiert werden, weil die Zeugenaussagen durch eine Ergänzung („Es MUSS so gewesen sein!") entstanden sind.

Und hier ist das Sprichwort im deutschen Wortlaut:

> „Auch das schnellste Pferd hat nur vier Beine."
>
> (mongolisches Sprichwort)

Die Suche nach SINN ist ein sehr starker Mechanismus im Gehirn. Erkennt man den Sinn einer Aufgabe oder

Aussage nicht, kann das schnell frustrieren. Das Fehlen von SINN (und damit ist ein individueller SINN in Ihrem Kopf gemeint) führt zu einer erheblichen Behinderung von Lernprozessen. Ein Problem, das man sehr häufig in der Schule oder in Unternehmen bei Anweisungen von Lehrern und Chefs antrifft.

Halten wir fest: *Das Gehirn braucht SINN.*

1.3. Schätzen Sie mal!

Ein weiterer, wesentlicher Mechanismus, der für Lernprozesse außerordentlich wichtig ist, ist das Vergleichen.

Ich möchte Sie zu folgender Aufgabe einladen:
Auf dem folgenden Foto ist eine Karaffe abgebildet.

Schätzen Sie bitte einmal die reale Größe dieses Gefäßes (und nicht die abgebildete):

Meine Schätzung:

Die Karaffe ist _____ cm hoch.

Und weil es so schön war: Schätzen Sie doch mal den Umfang der „dicksten" Stelle unten:

Ich denke, der Umfang beträgt ______ cm.

Jetzt wollen Sie bestimmt wissen, ob Ihre Schätzung so einigermaßen in Ordnung war. Oder Sie sind bereits frustriert und sagen: „Wie soll ich das sinnvoll schätzen, wo doch auf der Zeichnung der Vergleich fehlt!"

Beide Gedanken bringen uns auf die Spur zweier wichtiger Bedürfnisse unseres Gehirns:

1. schnelles Feedback zu bekommen (um zu wissen, wie wir „liegen") und
2. vergleichen zu können (für eine realistische Schätzung)

Bevor ich Ihnen die Lösung gebe, schauen Sie sich bitte das nächste Bild an:

Fällt es Ihnen hier leichter, eine Schätzung abzugeben?
Zum Vergleich habe ich eine Streichholzschachtel neben die Karaffe gestellt und damit den entsprechenden neuronalen Mechanismus aktiviert.

Na dann, lösen wir auf:

Die Höhe der Karaffe beträgt
(3*8+0,8) cm. Der Umfang liegt bei (5*6-0,1) cm. (Entschuldigung für die beiden Rechenaufgaben, die ich nur gestellt habe, damit Sie nicht mal schnell auf die Lösung sehen können, ok? Aber Sie kamen ja klar, oder?)

Na, mal ehrlich, hätten Sie gedacht, dass der Umfang deutlich größer ist als die Höhe?

Haben wir einen Vergleich, so fällt uns die Schätzung wesentlich leichter. Unabhängig davon verschätzen wir uns bei gekrümmten Linien zum Teil recht stark.
Im Übrigen trauen sich viele Menschen nicht, das Ergebnis des Schätzens aufzuschreiben – aus Angst, sich vertan zu haben. Das hat mit unserer Fehlerkultur

zu tun. Fehler sind etwas Schlimmes und wenn ein Fehler passiert, dann kann man froh sein, nicht der Schuldige zu sein.
Dabei gibt es für unsere Entwicklung nichts Besseres als Fehler, denn die sind wie ein Motor der Veränderung.
Da ist wohl in Deutschland noch einiges zu tun...

Doch zurück zum Schätzen.

Wie hoch schätzen Sie das derzeit höchste Gebäude der Welt, das „Burj Khalifa Bin Zayed" (so der offizielle Name) in Dubai?
Oder...
... wie lang wird wohl das aufgestaute Wasser eines der größten Staudammprojekte der Welt – des Drei-Schluchten-Staudamms in China – sein?

Das Schätzen mathematischer Größenverhältnisse ist nichts anderes als das Aufstellen von Hypothesen. Ein wissenschaftliches Experiment macht nichts anderes. Der Forscher stellt eine Hypothese auf und überprüft diese anhand einer Versuchsanordnung oder durch logische Schlüsse. Dabei kann man davon ausgehen, dass nicht immer alle Hypothesen richtig sind, ein Fakt, den viele Schüler in der Schule nicht nachvollziehen können, da es dort in erster Linie um die EINE richtige Lösung geht. Das widerspricht den meisten Lebenserfahrungen. Schade...

Das „Burj Khalifa Bin Zayed", das derzeit höchste Gebäude der Welt, wurde am 4. Januar 2010 eröffnet und hat eine Höhe von 828m.

Ein Vergleich lässt das Ganze plastisch werden. So können Sie zum Beispiel von der Aussichtsplattform des Berliner Fernsehturms am Alexanderplatz aus einer Höhe von 207m auf die Stadt blicken. Wer schon einmal dort oben war, kennt diesen tollen Blick über Berlin.

Das „Burj Khalifa Bin Zayed“ ist genau viermal so hoch.

Die Gesamthöhe des Telespargels, wie der Fernsehturm im Volksmund genannt wird, beträgt 368m (Oberkante Antenne) und ist das höchste Bauwerk Deutschlands. Er passt bequem zweimal in die Höhe des „Burj Khalifa Bin Zayed“, das dann immer noch knapp 100m darüber liegt. Wahnsinn, nicht wahr?

Noch ein Beispiel:
Schlägt man bei Wikipedia nach, so findet man für den Drei-Schluchten-Staudamm am chinesischen Jangtse-Fluss eine Längenangabe für das aufgestaute Wasser von 663km. Doch wie lang ist das eigentlich?
Stellen Sie sich vor, von Berlin bis ins österreichische Wien würde sich ein Fluss erstrecken, der noch dazu so breit ist, das man das „Burj Khalifa Bin Zayed“ ohne Probleme quer eintauchen könnte, ohne dass es das Ufer erreicht. Dann haben Sie etwa die Größe dieses gigantischen Staudammes.

Unser Gehirn ist nicht für das sogenannte ZDF-Wissen angelegt (ZDF = Zahlen-Daten-Fakten). Erst wenn ein Sinn oder eine Vorstellung durch einen Vergleich damit verbunden werden, geht die Merkfähigkeit deutlich nach oben. Allerdings sollte dieser Vergleich aus dem eigenen Wissensnetz stammen. Wenn jemand den Berliner Fernsehturm nicht kennt oder noch nie mit dem Auto in Wien war, dann laufen diese Vergleiche ins Leere. Eine Herausforderung, vor der insbesondere die Schule steht, sind doch dort 25 individuelle Gehirne mit ganz unterschiedlichen Erfahrungen, die angesprochen werden wollen.

Sie meinen, das geht nicht? Dann lassen Sie uns über die MERK-würdigen Methoden der Vera F. BIRKENBIHL reden (schreiben).

1.4. Die MERK-würdigen Methoden der Vera F. Birkenbihl

Schule war nicht ihr Ding (lernen schon). Oft musste sie die Klasse verlassen. Viel geredet hat sie schon immer – und dabei ihre Lehrer mit Fragen gelöchert, was diese nervig fanden.
Daraus entwickelte sich (wie bei vielen Schülern auch heute noch) eine Antihaltung zur Schule, die dazu führt, dass sich Potenziale nicht entwickeln können.
Mit 19 Jahren nach Amerika ausgewandert, um dort Journalistik und Psychologie zu studieren, führte sie dermaßen viele und unterschiedliche Tätigkeiten aus, dass diese eine A4-Seite gut füllen. Bereits in den USA begann sie, systematisch zu untersuchen, wie man am besten Fremdsprachen lernt. Daraus entwickelte sie eine gehirn-gerechte Methode zum Sprachenlernen - die BIRKENBIHL-Methode. Sie spricht selbst vier Sprachen und beschäftigt sich mit 20 weiteren.

Mit Akribie, Forschergeist und einem inzwischen gigantischen Wissensnetz erschließt sie neue Wissensfelder und bereitet diese gehirn-gerecht auf. Ihre Themen erstrecken sich von Komplexität über Quantenphysik und Memetik bis hin zu Männer/Frauen. Sogar mit ihrem einstigen „Angstfach" Mathematik hat sie sich gehirn-gerecht auseinandergesetzt.

Im Rahmen der systematischen Beschäftigung mit vielen unterschiedlichen Inhalten entwickelte sie eine Lern-Methodik, die bereits viele Menschen infiziert hat. In der pädagogischen Forschung nimmt man allerdings kaum Notiz davon. Das muss sich ändern.

Die Doppelcheckliste

Nehmen wir an, man könnte die Bedürfnisse des Gehirns in einer Checkliste erfassen, wie zum Beispiel:

- ✓ Assoziatives Denken
- ✓ Abstrahieren
- ✓ Vergleichen ...

Vera F. BIRKENBIHL nennt sie Neuro-Mechanismen. Diese werden bei Lernprozessen aktiviert, wenn das Thema spannend ist, wenn wir mit Spaß dabei sind oder wenn wir einen Sinn für uns darin sehen. Ist das allerdings nicht so (wie oft in der Schule), dann stellt sich die Frage, ob man etwas tun kann, um die Neuro-Mechanismen „wachzukitzeln".
Man kann. Mit geeigneten, den Grundbedürfnissen des Gehirns gerecht werdenden Methoden ist es möglich, von außen Neuro-Mechanismen zu aktivieren. Wenn uns das gelingt, gehen wir als Lehrer, Trainer und Chefs gehirn-gerecht vor.
Erfasst hat vfb die Bedürfnisse des Gehirns auf der linken Seite einer Checkliste und die gehirn-gerechten Methoden – sie nennt sie Nicht-Lern-Lern-Strategien oder N.L.L.S. – auf der rechten Seite dieser Checkliste (siehe Abbildung auf der folgenden Seite).

Zu den gehirn-gerechten Methoden gehören u. a.
- die ABC-Techniken, allen voran die ABC-Liste (beispielhaft finden Sie einige „besondere" Listen im Anhang)
- die „Analograffiti"-Techniken KaWa und KaGa
- Metaphern und Stories
- die Technik der Wissens-Quiz-Spiele (WQS).

Auf diese Techniken werden wir in den Kapiteln 2 bis 4 dieses Buches genauer eingehen.

Doppelcheckliste nach Vera F. Birkenbihl (Stand 2007)

Neuromechanismen

ABSTRAHIEREN ●●
ASSOZIATIVes DENKEN ●●
BEDEUTUNG suchen ●
BEWEGUNG ●
EXPLORER (ent-DECK-en) ●
FRAGEN ●●
IMITATION ●●
INCIDENTAL (beiläufig) ●●●
KATEGORISIEREN ●●
MUSTER suchen, finden ●
NEUGIERDE ●
PROBIEREN OHNE ANGST ●●
SINN suchen ●
SPIEL-Trieb ●
SOFORTiges FEEDBACK ●
Ver-GLEICH-en ●●
WESEN-tliches suchen ●

Nicht-Lern-Lern-Strategien (N.L.L.S.)

ASSOZIATIV-Spiele und -
TECHNIKEN ●●
- ABC-Listen
- KaWa
- ABC-COUVERT
- KaWa-COUVERT
- ABC-KREATIV
- Stadt-Land-Fluss-Spiele
- LULL`sche LEITERN
- VERGLEICHs-Spiele
- TRAIN-of-THOUGHT
- MADELAINE-Spiele
- GEMISCHTE ABCs
- KNICK-Spiel
- GOETHE-DENK
- STRATEGIE-Lotterie

BALL-im-TOR-Effekt ●
CHORSPRECHEN ●
EXPERIMENTE ●
FRAGE-RÄTSEL-Spiele ●●
FRAGEN formulieren ●●
FRONTALinfos EINBETTEN ●●
HIERARCHISIERUNGS-Spiele ●
IDEEN generieren ●
IDEEN konsultieren ●
IMITATIONS-Spiele ●
INFOS festhalten ●
KATEGORISIERUNGS-Spiele ●
KRYPTISIEREN ●
LÜCKEN-Texte ●
METAPHERN-Spiel ●
PASSIV hören ●
QUIZ-Spiele ●
RECHTSCHREIB-Spiele ●
TAPETEN-Effekt ●
TÄTIGKEITEN-Lernen ●
UNBEWUSST Lernen ●
VOR-ANKÜNDIGUNG ●
WIEDERHOLUNGEN ●
WISSENS-QUIZ-Spiele (WQS) ●●
ZITATE-Spiel ●

Bisher war es BIRKENBIHL lediglich gelungen zu sagen, wann Lernen nicht gehirn-gerecht ist. Lange Zeit dachte sie darüber nach, wie man eine positive Bewertung erreichen kann. Dies sollte sich mit der Doppelcheckliste erfüllen. Durch das Bild von Kindern inspiriert, die mit Murmeln (Schusser) spielen, kam ihr der folgende Gedanke:

Wenn ein Kind genug „Murmeln in der Hosentasche“ hat, wird Lernen leicht. Die Murmeln stehen dabei für die Grundbedürfnisse des Gehirns.
Ist das nicht der Fall, dann müssen Lehrer, Eltern, Trainer und Coaches dafür Sorge tragen, dass genug Murmeln im Spiel sind. Dafür sorgen geeignete Methoden.

In ihrem Buch „Trotzdem Lehren“ hat die Autorin eine Bewertung der Neuromechanismen bzw. der gehirngerechten Methoden vorgenommen – je mehr Murmeln, desto besser für das Gehirn.
Seit einiger Zeit benutzt Vera F. BIRKENBIHL anstelle der „Murmeln“ den Begriff „Kügeli“, der entstand, als sie ihr Konzept der doppelten Checkliste in der Schweiz vorgetragen hat.
Die Kügeli geben die Bedeutung an, die ein Neuromechanismus bzw. eine Technik oder Methode hat. Bei deren Bewertung halte ich mich zunächst an die von ihr in „Trotzdem Lehren“ veröffentlichte Grobeinschätzung, die aus meiner Sicht einer weiteren Differenzierung bedarf.
So hat man aber zumindest eine gute „Pi-mal-Daumen-Regel“ für die Anwendung bei Lernprozessen.
Bei wieviel Kügeli wird denn nun Lernen leicht?

Diese Frage führt uns zum nächsten Kapitel...

1.5. Aller guten Kügeli sind Sieben

Nehmen wir einmal an, Sie würden sich brennend für die Mongolei interessieren. Und dann wäre da ein Vortrag in Ihrer Stadt ausgeschrieben: „Faszination Mongolei“. Sie gehen voller Erwartung hin ... und der Vortrag lässt Ihnen, gelinde gesagt, die Füße einschlafen.

Gehen Sie dann nach Hause und reden sich ein, die Mongolei wäre auf einmal langweilig geworden? Wohl nicht.
Ihr (echtes) Interesse geht so leicht nicht den Bach herunter.
Warum ist das so? Sie bringen durch Ihr Interesse bereits eine ganze Reihe von Kügeli mit. So kann die Präsentation von Wissen durch den Vortragenden kaum etwas verderben.
Wenn Sie so wollen, ist also eine Präsentation vor einem motivierten und interessierten Publikum überhaupt keine Kunst. Die Anwesenden sind in der Lage, sich wesentliche Inhalte herauszuziehen, ohne dass sie durch die Präsentationsform ihr Interesse verlieren.
Das ist in einem wichtigen Bereich unseres gesellschaftlichen Lebens leider nicht so – in der Schule. Hier werden oft wenig oder gar nicht motivierte Schüler mit Methoden konfrontiert, die alles tun, um Desinteresse zu erzeugen. Das verdoppelt den Effekt.
Speziell in diesem Bereich ist dringend der Übergang zu gehirn-gerechtem Lehren und Lernen angesagt.
Das Ansprechen der Neuromechanismen ist dabei recht einfach. Es gibt Berge von Übungen zum assoziativen Denken, es gibt spannende Inhalte, über die man Schulstoffe interessant und lebensnah gestalten kann, und es gibt bereits eine große Zahl an Beispielen (vgl. Kapitel 2 bis 4).
BIRKENBIHL gibt in Vorträgen und Veröffentlichungen 7 Kügeli (und mehr) als Basis für gehirn-gerechtes Lernen an.
Nehmen wir diese 7 Kügeli, so können Präsentationen, Vorträge und Unterricht, also Be-LEHR-ungen im weitesten Sinn, gehirn-gerechter vorbereitet und durchführt werden. Durch eine „Einbettung" der Vortragsinhalte in einen gehirn-gerechten Ein- bzw. Ausstieg muss der Vortragende seinen Stil nicht einmal vollkommen ändern.

BIRKENBIHL nennt das die „Sandwich-Technik". Die Idee dazu kam durch die vielen Fragen der Art „Muss ich meine gesamte Vorgehensweise komplett ändern, um gehirn-gerecht zu werden?"
Die Antwort ist ganz klar NEIN, außer Sie möchten dies.

1.6. Das Lernberg-Modell

Was halten Sie von folgendem Zitat?

„Lernen ist wie Rudern gegen den Strom, sobald man aufhört, fällt man zurück." (Benjamin BRITTEN)

Würden Sie dem zustimmen?

Ihre Antwort: ❑ Ja, ich stimme zu
❑ Nein, ich stimme nicht zu
❑ Weiß noch nicht...

Denken Sie mal (ganz kurz) darüber nach, aus welchem Grund Sie welches Feld angekreuzt haben. Was geht Ihnen durch den Kopf?
Zum Thema „Lernen" gibt es eine ganze Reihe von Vergleichen, Analogien und Metaphern. Meist legen wir dabei den Schwerpunkt auf einen Aspekt des betrachteten Themas (hier: Lernen) und lassen viele andere unberücksichtigt.
Der Aspekt, den wir uns genauer unter die Lupe nehmen, sollte allerdings ein WESENtlicher sein.
So verbinde ich zum Beispiel mit diesem Zitat die folgenden Assoziationen:
Anstrengung, Gegenhalten, Kämpfen, kein Spaß, nur nicht aufhören, Frust.
Wenn wir gehirn-gerechtes Lernen nehmen, dann kann es durchaus anstrengend sein, allerdings auf eine spielerische Weise. Hirnforscher Gerald HÜTHER sagt

z. B. auf www.win-future.de zum kindlichen Spiel: „Spielen ist allerhärteste Lernarbeit!“
Was dabei herauskommt, sind Entdeckungen und Erkenntnisgewinn, die mit Lust, Leidenschaft, Begeisterung und Spaß verbunden sind. Lernen ist kein Kampf gegen irgendetwas.

BIRKENBIHL vergleicht z. B. das Pauken (von Vokabeln oder Fachbegriffen) mit „Rudern gegen den Strom“. Es hat mit Lernen nach ihrem (und auch meinem) Verständnis nichts zu tun. Im üblichen Sprachgebrauch wird Lernen gerade mit Pauken bzw. schulischem Lernen gleichgesetzt.
Sie dürfen sich an dieser Stelle durchaus die Frage stellen, ob Schule, wie sie in Deutschland praktiziert wird, noch zeitgemäß ist.

Gehen wir geschichtlich ein wenig zurück: am 28. Oktober 1717 erlässt der preußische „Soldatenkönig“ Friedrich Wilhelm I. die allgemeine Schulpflicht. Der Grund dafür war ein durchaus plausibler. Gute Christen sollten erzogen werden, damit sie ganz im Sinne des Königs treu, ergeben, diszipliniert und gehorsam sind.

Der „Soldatenkönig“ formulierte es so:

> *„Wir vernehmen missfällig und wird verschiedentlich von denen Inspectoren und Predigern bey Uns geklaget, dass die Eltern, absonderlich auf dem Lande, in Schickung ihrer Kinder zur Schule sich sehr säumig erzeigen, und dadurch die arme Jugend in grosse Unwissenheit, so wohl was das lesen, schreiben und rechnen betrifft, als auch in denen zu ihrem Heyl und Seligkeit dienenden höchstnötigen Stücken auffwachsen laßen..“*
> (Quelle: www.preussen-chronik.de)

Er hatte bereits erkannt, dass Bildung Sinn macht und dass der Staat diesen Sinn natürlich vorgeben muss. Hatte er im Hintergrund vielleicht das Menschenbild des preußischen Soldaten, der genau diese Eigenschaften haben sollte? Schließlich hatte Friedrich Wilhelm I. vor, die abschreckendste Armee der Welt aufzubauen.
Hat sich unser Menschenbild bis heute nicht verändert? Wollen wir nach wie vor disziplinierte, gehorsame Kinder (und später Erwachsene), die zu eigenem Denken nicht in der Lage sind? Nein?
Dann sollten wir das „natürliche" Lernen wieder kultivieren.
Nach HÜTHER ist es nicht in erster Linie Aufgabe der Schule, Kulturtechniken zu lehren. Viel wichtiger ist es, den Geist, der die Kulturtechniken hervorgebracht hat, an die Schulen zu bringen.

Zurück zum Pauken und zur „Ruder-Metapher". BIRKENBIHL weist in diesem Zusammenhang darauf hin, dass kein echtes Lernen gemeint sein kann. Pauken ist nach einem Vergleich der Harvard-Professorin Ellen J. LANGER wie das Verschlucken von Paketen, die man nicht geöffnet hat. So liegen sie einem schwer im Magen und verursachen ein Spektrum zwischen Unwohlsein und Krankheit. Beim Pauken von Vokabeln z.B. hat man zwar einzelne Worte bzw. Wortgruppen gepaukt, der Sinn hinter der Sprache erschließt sich einem nicht.

Oder denken Sie an das Paradebeispiel eines „Pauk-Studiums" – die Medizin. Medizinstudenten pauken Fachbegriffe und deren Inhalte, um ihre Prüfungen bestehen zu können. Dieses Pauken führt nicht dazu, später einmal gute Diagnosen zu stellen. Man lernt die Zuordnung der Symptome zum Krankheitsbild ...
... und ist mitunter von den Ursachen weit entfernt. Wie gut wäre es, wenn sich unsere Schulmedizin mehr mit der in Asien verbreiteten ganzheitlichen Medizin ver-

binden würde. Beide Systeme könnten sicher gut voneinander lernen. Allerdings scheint es in unserem Kulturkreis eben so zu sein, dass immer nur einer Recht haben kann. Schade.

Das in der „Ruder-Metapher" angegebene „Zurückfallen" wird übrigens sehr gut beschrieben durch die von Hermann EBBINGHOUSE 1885 dargestellten „Vergessenskurven". EBBINGHOUSE verwendete Dreierkombinationen aus Konsonanten und Vokalen (wie zum Beispiel DAX, BUP, LOC, ...) und lernte sie. Nach einer Pause von 20 Minuten versuchte er, sich der Silben zu erinnern und stellte immer wieder fest, dass ca. 40% vergessen waren. Aus einer Vielzahl derartiger Experimente entwickelte sich die Vorstellung, in welchen Zeitabständen man wiederholen muss, damit dieses „Wissen" hängen bleibt. Nun sind wir uns sicher darüber einig, dass es sich hierbei nicht wirklich um Wissen handelt. Wie bei zusammenhanglosen Zahlen, Daten und Fakten (dem „ZDF-Wissen") gehen wir hier gegen einen Neuro-Mechanismus im Gehirn vor, der nach Sinn und Verbindungen zu anderem Wissen sucht. Unser Denk-Organ mag keinen Unsinn. Insofern sagen die Forschungen von EBBINGHOUSE nichts über Effekte beim echten Lernen aus.

Wie kann man nun „echtes" Lernen besser metaphorisch ausdrücken?
Unternehmen wir dazu einen Ausflug nach Afrika. Vielleicht kennen Sie den höchsten Berg Afrikas?

- ❑ Ja, natürlich, es ist der ____________________

- ❑ Nein, woher denn. Aber Sie werden es mir schon gleich sagen!

Wenn Sie an dieser Stelle überprüfen möchten, ob Ihre Lösung stimmt, lesen Sie das angegebene Wort einfach rückwärts.
Lösung: „Orahcsdnamilik"

Der „Orahcsdnamilik" heißt in der afrikanischen Swahili-Sprache auch „Berg des bösen Geistes" und ist mit einer Höhe von 5.895 müM der höchste Berg Afrikas. Er befindet sich im Nordosten von Tansania und gehört zu den für Touristen beliebtesten Zielen für Bergbesteigungen. Ca. 20.000 Menschen aus aller Welt nehmen alljährlich die Mühen einer Gipfelbesteigung auf sich. Durch den Marsch über mehrere Klimazonen und den erheblichen Sauerstoffmangel in großen Höhen wird die Besteigung des Kilimandscharo eine Herausforderung, die viele annehmen, die aber nicht jeder schafft. Warum lockt diese extreme Bergbesteigung so viele Menschen an? Sind es die neuen Erfahrungen? Ist es der Kick? Sind es die Anstrengungen oder das tolle Gefühl, es geschafft zu haben?

Lernprozesse haben viel mit einer Bergtour zu tun. Vielleicht war das der Grund für Vera F. BIRKENBIHL, den Berg als eine Metapher für Lernen einzuführen.

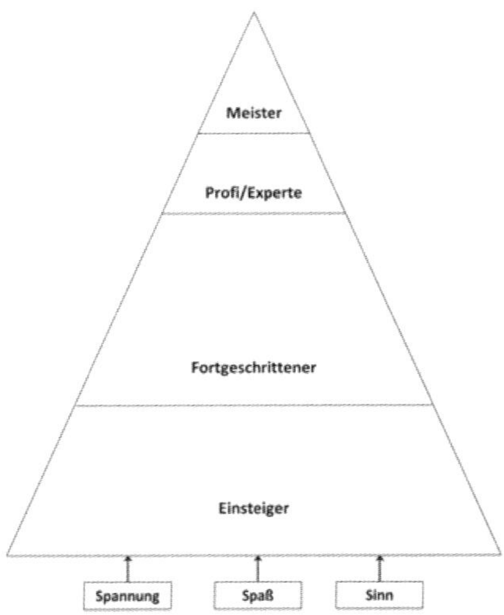

Der Lernberg

Befassen wir uns zunächst mit dem Einsteiger-Bereich. Am Anfang des Lernprozesses stehe ich also vor einem riesigen

Berg und denke: „Da soll ich hinauf? Das schaffe ich nie!"
Gerade, wenn eine eigene Motivation zur Erreichung des Gipfels nicht vorhanden ist, ist es fatal, diesen ständig vor Augen zu haben.

Stellen Sie sich ein Kind vor, das in Mathe ziemlich zu kämpfen hat. Die Note 1 scheint unerreichbar zu sein. Setze ich dem Kind diese Idealleistung ständig vor die Nase, wird eine Mathemotivation gar nicht erst entstehen können bzw. wenn vorhanden, sofort kaputt gehen. Eines der großen Probleme in unserem Schulsystem besteht darin, dass wir alles an Noten festmachen. Dabei ist die Note 1 der Gipfel. Und die meisten beginnen ganz unten – im Einsteigerbereich eben. Wir vermitteln dabei den Kindern die Sichtweise: „Schau nach oben! Da musst Du hin, wenn aus Dir etwas werden soll!"

Der absolute Vergleich mit von anderen festgesetzten Wertmaßstäben demotiviert oft mehr als er nutzt.
Warum tun wir das denn dann?

Frederick BODMER schreibt in seinem Buch „Sprachen der Welt", wer für ihn die Schuld trägt:

> *„Das größte Hindernis, in allen Schulzweigen bis hin zur Universität, ist der hemmende Einfluss Platos. Wir sind noch nicht von der Erziehung und Bildung losgekommen, die ursprünglich für die Söhne einer begüterten Schicht gedacht war. Die durch Plato bestimmte erzieherische Einstellung strebt nach unerreichbarer Vollkommenheit und opfert ihr die erreichbare Leistung."*

Gerade im Einsteigerbereich brauchen wir Freude bei der auszuführenden Tätigkeit. Warum nehmen wir nicht Anleihen bei kleinen Kindern? Was tun sie, wenn sie spielen?
Mit Forscherdrang entdecken sie die Welt. Geistesvergessen geben sie sich einer Tätigkeit hin, die Umwelt völlig außer Acht lassend.

So habe ich zum Beispiel meinen Enkel Lukas im Alter von 2,5 Jahren auf unserer Terrasse dabei beobachtet, wie er über 90 Minuten immer und immer wieder Wasser aus verschiedenen Gefäßen in andere goss. Er (ver)-schüttete, stutzte, probierte noch einmal und wieder ging etwas daneben.

Warum ist Lukas nicht sofort frustriert? Es funktioniert doch nicht gleich so, wie er es gern hätte? Wir kommen gleich darauf zurück.

Der Hirnforscher Manfred SPITZER hat einmal gefragt: „Wie lernt ein Kind laufen?“ und dann darauf geantwortet: „Von Fall zu Fall.“

Viel zu schnell greifen wir korrigierend ein, aus welchen Gründen auch immer. Viel zu schnell äußern wir einen gut gemeinten Rat-Schlag (ins Gesicht). Jeder Rat-Schlag ist auch gleichzeitig Kritik.
„Du musst es so machen!“ oder „So, wie Du es tust, kann es nicht gehen.“ oder „Ich habe Ihnen doch schon einmal gesagt, wie Sie an die Aufgabe herangehen müssen.“ – das sind alles Aussagen, die ausgezeichnet dafür sind, das Selbstwertgefühl eines Menschen zu untergraben. Nebenbei lernen wir über unsere Spiegelneuronen, in welcher Art man Kritik äußert ... und machen es später genauso.

Wann immer jemand in Bezug auf Tätigkeiten im unteren Bereich des Lernberges ist, sollten Sie auf Kritik verzichten. Hier ist sie kontraproduktiv. Was allerdings angesagt ist, ist Feedback. Und dieses Feedback sollte möglichst schnell erfolgen. Vielleicht erinnern Sie sich an eine Mathearbeit, die Sie während Ihrer Schulzeit geschrieben haben. Vielleicht hat Ihr Mathelehrer nach Abgabe der Arbeit die Aufgaben und Ergebnisse nicht durchgesprochen und vielleicht wussten Sie nicht, wie Sie wohl abgeschnitten haben. Werden die Aufgaben erst bei der Rückgabe der Arbeit, also nach 2 Wochen, besprochen, interessiert sich unser Gehirn bei weitem nicht mehr so brennend dafür wie kurz nach der Abgabe. Wir denken ziemlich kurzfristig.

Nach dem Münchener Professor Ernst PÖPPEL nimmt der Mensch seine Umwelt in Einheiten zu ca. 3 Sekunden wahr. Alle Sinneseindrücke, die in diesem Rahmen verarbeitet werden, ergeben einen ganzheitlichen Eindruck. Unser Gedächtnis ist dann dafür verantwortlich, die Drei-Sekunden-Einheiten miteinander zu verbinden.
Folglich ist die Chance, dass Feedback zu einem Ereignis zugeordnet wird umso größer, je schneller es erfolgt.

Kritik anstelle von Feedback bewirkt im Einsteiger-Bereich eine Beschädigung des Selbstwertgefühls und führt zu einem sinkenden Einfluss des Kritikers. Das gilt nicht nur für Kinder, sondern auch für Erwachsene.
Ein Chef, der alles besser weiß und das auch ständig „heraushängen" lässt, verliert an Einfluss. Kritik im Einsteigerbereich ist eine Form der Ausübung von Macht. Ob dem Kritiker das bewusst ist oder nicht, ist zweitrangig. Doch Machtausübung ist auf Zerstörung ausgerichtet. Wollen wir das?

Einen der besten Gedanken zu diesem Thema hat, wie ich finde, der begnadete Pädagoge Michael GRINDER geäußert:

> *„Wir sind zu sehr in den Einfluss der Macht verliebt. Wir sollten mehr die Macht des Einflusses lieben."*

Wenn jemand im Lernberg fortgeschritten ist, kann natürlich kritisiert werden, sofern diese Kritik keine bloße Bewertung (richtig/falsch) ist, sondern eben auch eine Entwicklungsrichtung aufzeigt.

Vera F. BIRKENBIHL bemerkte, dass jemand, der im oberen, also fortgeschrittenen Bereich des Lernberges oder sogar im Profi- bzw. Meisterbereich ist, ganz anders mit Kritik umgehen kann, als jemand im Einsteiger-Bereich, in dem es keine konstruktive Kritik gibt.

Für den Einsteiger-Bereich gilt die folgende Regel nach vfb: „Lernen passiert einfach immer, wenn es mit Spannung, Spaß oder Sinn verbunden ist."

Ich nenne es das „3S-System". Wenn Sie jetzt eine Assoziation hatten, die in Richtung „Kinderüberraschung" (das Überraschungsei, das Kinder so mögen) geht, dann ist das durchaus normal. Es gibt einige Bereiche des Lebens, in denen man sich die Funktionsweise des „3S-Systems" vergegenwärtigen kann. Viele Computerspiele gehören dazu.

Der Begriff „3S-System" kam mir durch eine Assoziation aus der DDR-Geschichte in den Sinn:

1961 wurde im DDR-Fernsehen eine Sendung aus der Taufe gehoben. Sie hieß „Der Tipp des Fischkochs". Dabei handelte es sich um eine Werbesendung, die dazu anregen sollte, Fisch zu essen. Beworben wurde immer genau der Fisch, den die Fischereifangflotte gerade in den Netzen hatte. Der Slogan des Fischkochs Rudolph KROBOTH und später seines Sohnes Rainer, immer kurz vor dem Sandmännchen, hieß: „3S - Säubern, Säuern, Salzen."

Warum war nun Enkel Lukas beim Wasser-Hin-und-Her-Gießen nicht frustriert? Man fragt sich als Erwachsener da schon nach dem Sinn solcher Tätigkeiten. Da gießt ein Kind Wasser hin und her und das über Stunden.
Kann es in der Zeit nicht etwas SINN-volles machen?
Aber genau das tut es!

Das menschliche Gehirn lernt in bestimmten Zeitabschnitten – man bezeichnet sie als Lernfenster bzw. sensitive Phasen – besonders gut. Die immer und immer wieder ausgeführte Tätigkeit sorgt dafür, dass im neuronalen Netzwerk neue, stabile Nervenbahnen

angelegt werden. Einen besseren Sinn für die geistige Entwicklung des Kindes gibt es in diesem Abschnitt nicht. Das Gehirn geht seinen natürlichen Bedürfnissen nach.
Natürlich ist es nicht schön, wenn beim Herabziehen der Tischdecke ständig das Kaffeegeschirr zu Bruch geht. Hier steht die Frage nach einer auf die kindlichen Bedürfnisse abgestimmten Lernumgebung, z. B. im Kinderzimmer. Damit wir uns nicht missverstehen: Es geht dabei nicht um viel Spielzeug! Es bedeutet eine bedürfnisgerechte Spielumgebung.

Denken Sie einmal darüber nach, was Lukas da so alles macht:

1. vergleicht er die Rauminhalte verschieden geformter Gefäße
2. übt er an seiner Feinmotorik, damit weniger Wasser verschüttet wird
3. entwickelt er Problemlösefähigkeiten („Wo bekomme ich Wasser her, wenn alles verschüttet wurde?")
4. schärft er seine Wahrnehmung durch intensives Beobachten und
5. kann er die Erfahrungen auf andere Flüssigkeiten übertragen. So bemerkte er bald, dass Honig und Zuckerrübensirup auch fließen können, nur langsamer. Naturwissenschaftler würden jetzt von der Physik der Flüssigkeiten mit einer hohen dynamischen Viskosität und der Theorie der Reynoldszahlen reden. Lukas kennt im Moment noch keine Begriffe dafür. Unabhängig davon baut er erste Nervenbahnen für die Prozesse dahinter auf.

Na, jetzt staunen Sie, was für ein Forscher so ein Kind ist, oder?
Zugegeben, es könnte bei einer Prüfung diese Prozesse nicht erklären. Dieses Wissen ist implizit, aber das ist für Lukas im Moment sowieso nicht wichtig.

In der Schule vermitteln wir ständig explizites Wissen über Belehrung. Wir sollten wieder beginnen, das (für das Leben viel wichtigere) implizite Wissen zu schätzen.

Bei einem Symposium zur „Positiven Psychologie" am 10. Juli 2010 in Berlin stellte Professor Martin SELIGMAN, einer der weltweit am meisten zitierten Psychologen, den Zuhörern die folgenden zwei Fragen (die Sie bitte jetzt auch beantworten):

1. Was wünschen Sie sich am meisten für die Zukunft Ihrer Kinder?

   ____

   ____

2. Was wird in der Schule (die ja auf das Leben vorbereiten soll) unterrichtet?

   ____

   ____

Die meisten Teilnehmer schrieben

zu 1.: Glück, Gesundheit, Erfolg, Zufriedenheit, guter Beruf, zuverlässige Freunde, ...

und zu 2.: Rechnen, Lesen, Schreiben, Wurzelziehen, Grammatik, wie eine Zelle funktioniert, was C_2H_5OH ist, ...

Bringt damit Schule unseren Kindern Lebenswichtiges bei?

Nun ja, im Schulbereich tut sich immer mehr. An der Willy-Hellpach-Schule in Heidelberg gibt es seit 2008 Unterricht im Schulfach Glück. Ernst-Fritz SCHUBERT hat es gewagt. Er hat dieses Fach an seiner Hauptschule eingeführt. Hoffen wir, dass dieses Experiment Kreise zieht. Bisher können allerdings nur die Schüler der Hellpach-Schule sagen: „Glück gehabt!"

1.7. Den Lernberg hochheben

Ein typisch Birkenbihl`scher Gedanke...
Da der Einsteiger-Bereich so wichtig ist, macht es Sinn, die Startbedingungen für unsere Bergbesteigung genauer zu untersuchen. Schauen wir also mal (gedanklich) von unten auf den Lernberg.

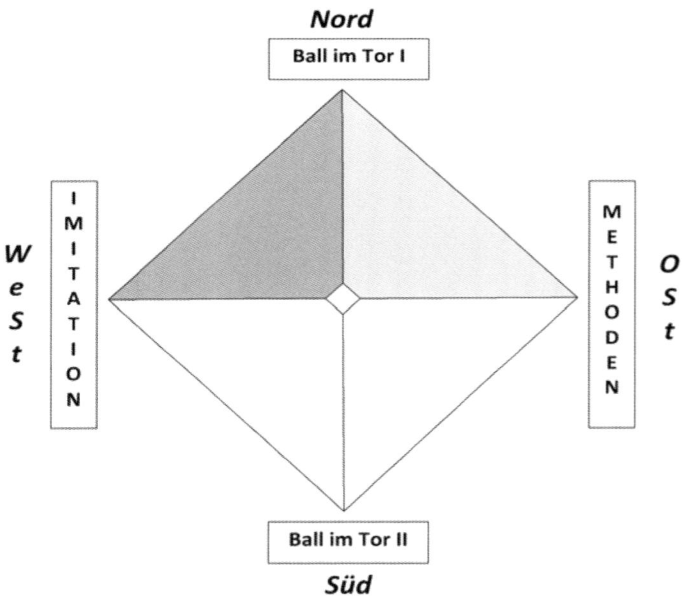

Dreidimensional kann man sich den Lernberg als eine Pyramide vorstellen, deren Abdruck im Sand ein Quadrat ist. Die vier Ecken des Abdruckes sind mit den vier wesentlichen Eck-Punkten des Birkenbihl`schen Lernmodells bezeichnet:

Die Nord-Ecke (Ball im Tor I)

Die Basis für die Bezeichnung „Ball im Tor" bildet ein Schlüsselerlebnis für vfb. Sie stand mit ihrem Büromobil auf einem Rastplatz und beobachtete eine Gruppe Jungen und ihren Trainer beim Fußball. Offensichtlich übten sie den Torschuss. Einer der Jungen schoss, traf ins Tor, was der Trainer mit der Bemerkung quittierte: „Getroffen!"
Nach einigen solcher Szenen drehte sich der Junge zu vfb um, die er bemerkt hatte und verdrehte die Augen, als wollte er sagen: „Mensch, Trainer, ich sehe doch selbst, ob ich getroffen habe oder nicht. Da brauche ich doch Deine Bemerkung nicht."
Der torschießende Junge kann sein Verhalten selbst korrigieren und bekommt ein sofortiges Feedback darauf. Er kann autonom lernen. In der Birkenbihl`schen Sprechweise reden wir vom „Ball im Tor I".
Das Lernen über Ball im Tor I ist sehr beliebt. Jegliche Arten von Ballspielen, aber auch Bogenschießen, DART, Memory-Spiele und Puzzle gehören dazu.
Hier drängt sich die Frage auf, ob denn für den wahrscheinlich ungeliebtesten Bereich schulischer Bildung, für Mathematik, auch so etwas existiert. Kann man vielleicht Mathematik auch autonom (mit einem Ball im Tor) lernen?
Nicht in allen Bereichen, aber in einigen grundlegenden geht das schon. Nun möchte man meinen, vfb, für die Mathematik in der Schule ein Angstfach war, würde sich mit diesem Bereich nicht befassen ... hat sie aber. In ihrer DVD „gehirn-gerechtes Rechentraining" gibt sie eine Reihe von Rechenspielen mit einem eingebauten Ball-im-Tor-Effekt an. Auf meiner Internetseite www.bauchhirn.de habe ich einige dieser Rechentricks zusammengestellt. Weitere finden Sie in dem hervorragenden, allerdings zur Zeit nur antiquarisch beschaffbaren, Büchlein „Auf Du und Du mit Zahlen" von Walter SPERLING.

Die Süd-Ecke (Ball im Tor II)

Auch sie ist mit „Ball im Tor" bezeichnet. Es ist eine zweite Variante und der Ball ist damit auf eine andere Weise im Tor.
Der Ball im Tor II bedarf einer Person (Lehrer, Coach oder Trainer). Bei derartigen Lernprozessen ist es nicht möglich, dass der Lernende seinen Erfolg selbst wahrnehmen kann. Er benötigt professionelles Feedback. Dabei sollten wir Feedback deutlich von Bewertung unterscheiden. Ein Lernender im unteren Bereich des Lernberges wird durch Bewertung verunsichert, verliert Selbstbewusstsein und damit einen wesentlichen Teil der Lernmotivation.
Feedback heißt, auf mögliche Richtungen hinzuweisen und dem Lernenden damit eine Perspektive zu geben.

Ein schönes Beispiel für ein Feedbacksystem ist das (auch heute noch) beliebte „Topfschlagen" auf Kindergeburtstagen. Hier sucht das Kind mit verbundenen Augen einen auf dem Boden im Zimmer positionierten Topf mit einer Überraschung. Die anderen Kinder geben durch die Worte „heiß", „kalt", „lauwarm" usw. eine Rückmeldung. Meist wird dann der Topf und damit die Überraschung recht schnell gefunden.

Die West-Ecke (Imitation)

Der Mensch ist eines der wenigen Lebewesen auf diesem Planeten, die eine faszinierende Form des Lernens entwickelt haben - das Lernen durch Imitation.

Im Tierreich gibt es wenige Arten, die durch diesen Mechanismus lernen, z. B. die Zebramangusten (Mungos mungo). (Quelle: www.diepresse.com)

Nach der Entdeckung der Spiegelneuronen durch Forscher der Universität Parma (Italien) erschien die Imitation in einem neuen Licht. Man erkannte, dass Spiegelneuronenbereiche für Imitationslernen verantwortlich sein müssen.
Das führt zum Beispiel dazu, dass Lehrer dieselben „Marotten" beim Unterrichten zeigen, wie ihre Lehrer vor Jahrzehnten. Hier wird die Imitation unbewusst ausgeführt. Es deutet auch einiges darauf hin, dass die Aktivität der Spiegelneuronen dazu führt, dass z. B. ein Junge, der in frühester Kindheit mit ansehen musste, wie der Vater die Mutter schlägt, diese Muster gut verinnerlicht. Das kann dann später dazu führen, dass er ebenfalls seine Partnerin schlägt.

Oder...
Ein Junge, der in einer bildungsfernen Umgebung aufgewachsen ist, hat seine Muttersprache eben nicht unbedingt nach den Regeln der Hochsprache gelernt.

Vielleicht sagt Ihnen ja der Name Zlatko TRPKOVSKI etwas. Oder besser – nur Zlatko. Eben dieser war einer der großen Stars der 1. Staffel von „Big Brother". Unter anderem war er wegen seiner originellen Grammatik bei Deutschlehrern eher unbeliebt. Und dabei wies vfb bereits unmittelbar im Anschluss an die öffentliche Bloßstellung seines grammatikalischen Fehlverhaltens darauf hin, dass Zlatko die deutsche Sprache in seinem Umfeld hervorragend gelernt hat: „Der Mann, der wo da an der Ecke stehen tut..." Zlatko stammt aus der Gemeinde Nattheim in Baden-Württemberg und schließlich kennen wir ja inzwischen den offiziellen Slogan im Schwaben-Land: „Wir können alles. Außer Hochdeutsch." (Werbe- und Sympathiekampagne auf www.baden-wuerttemberg.de).

Das ist die Macht unbewusster Imitation – einem Lernautomatismus vom Feinsten.

Etwas, das der Mensch im Vergleich zu Tieren außerordentlich gut entwickelt hat, ist die Fähigkeit zur bewussten Imitation. Sich an einem Vor-Bild orientieren, es zu studieren, Muster bewusst nachzuahmen, eigene Absichten von denen anderer zu unterscheiden – das fasst die Forschung unter den Begriff „theory of mind".

Ansätze dazu hat man in Experimenten auch bei Tieren, u. a. Schimpansen, Ratten und Krähen, entdeckt.
Der Werkzeugkasten menschlicher Kommunikation, den die Verfechter des NLP (neuro-linguistisches Programmieren) anwenden, wurde in erster Linie durch bewusstes Analysieren, Imitieren und Abstrahieren entwickelt.
Und dieses bewusste Anwenden von Methoden führt uns auch gleich in ...

Die Ost-Ecke (Methoden)

Sie erinnern sich an die „Doppel-Checkliste"?
Links: Neuronale Mechanismen
Rechts: gehirn-gerechte Methoden, um die Neuromechanismen wachzukitzeln.
Eben diese Methoden stehen in der Ost-Ecke. Sie alle zu besprechen, sprengt den Rahmen dieses Buches, sind sie doch durch vfb in fast 50 Jahren systematischer Arbeit entstanden. So beschränke ich mich auf die Techniken, Methoden und Aussagen, die mich am meisten weitergebracht haben. Vielleicht können Sie davon partizipieren.

Ich wünsche Ihnen beim Lesen der folgenden Kapitel viel Spaß und reichhaltige Assoziationen.

2. Assoziatives Denken – Ihr Geburtsrecht

2.1. Was Musik, Sex und Lernen gemeinsam haben

Fragen Sie sich einmal, welche Verbindungen die in der Überschrift genannten Begriffe haben. Gibt es etwas Gemeinsames? Wenn Sie einen Begriff nennen sollten, mit dem alle drei verbunden sind, welcher wäre das?

Der Begriff könnte sein:

Entweder ________________ oder ________________

oder ________________ oder ________________ .

Vielleicht sind die drei Worte auch so eindeutig, dass mit hoher Wahrscheinlichkeit nur EIN Begriff in Frage kommt.
In unserem Fall ist es Vorspiel.

Der schwedische Psychologe Timo MÄNTYLÄ hat sich intensiv mit der Bedeutung von „Auslöser-Worten" für das menschliche Gedächtnis beschäftigt. Der Zugang zu begrifflichen Gedächtnisinhalten wird nach MÄNTYLÄ aufgrund von Stichworten mehr oder weniger erfolgreich sein. Je besser die Stichworte, also die Assoziationen zum Thema, sind, desto besser kann der Geist eine Rekonstruktion vornehmen. Es hat also Sinn, beim geistigen Training derartige Assoziationsübungen auszuführen.

Hierbei nehmen Sie sich 5 bis 20 Begriffe vor und notieren Ihre ersten 3-5 Assoziationen dazu. Dann legen Sie das Blatt zur Seite und versuchen eine Rekonstruktion der Ausgangsbegriffe nach einer gewissen Zeit. Hier sollten mindestens mehrere

Stunden bis Tage oder sogar Wochen dazwischen liegen. Je mehr Zeit bis zur Rekonstruktion vergangen ist, desto sicherer merken Sie, wie gut Ihre Assoziationen waren.

In Seminaren verwende ich diese nach MÄNTYLÄ bezeichnete Übung sehr oft.

So fuhr ich zum Beispiel mit meiner Tochter Jeannette zu einer Lehrerfortbildung in das Bundesland Brandenburg. Mit dieser Gruppe von 15 LehrerInnen kommen wir seit einiger Zeit regelmäßig zusammen, um Birkenbihl`sche Techniken und Methoden zu vertiefen. Die MÄNTYLÄ-Übung war bereits bekannt, allerdings noch nicht systematisch geübt. Der Abstand zwischen Konstruktion (Assoziieren) und Rekonstruktion betrug bei den Übungen nur zwei bis drei Stunden.
Nun hatten wir beim letzten Mal MÄNTYLÄ zu 15 Begriffen ausgeführt und eingesammelt.
Ich wollte sehen, wie gut die Rekonstruktion nach zwei Monaten gelang. Ich war schon sehr gespannt. Würden alle eine hohe Rekonstruktionsrate erreichen?
Schätzen Sie mal: Wie viele Begriffe wurden von den Teilnehmern richtig rekonstruiert?
Ihre Antwort: Richtig rekonstruiert wurden

a) im Durchschnitt ___ von 15 Worten

b) bestes Einzelergebnis ___ von 15 Worten

c) von Jeannette ___ von 15 Worten

(Jeannette führte diese Übung mehr als 30 mal mit verschiedenen Begriffen aus!)

Jeannettes Assoziationen bei dieser Übung sahen wie folgt aus (Versuchen Sie bitte die ursprünglichen Begriffe zu identifizieren):

1. *Sonne, Regen, allgemein* _______________
2. *etwas tun, Substantiv* _______________
3. *Wasservogel, weiß, schön, sterbender* ____________
4. *Tiere, Schweine, Hühner, Haus* _______________
5. *Center, Muskeln, körperlich* _______________
6. *Sehen, Veranstaltung, Arie* _______________
7. *Schüler, sieben, neun, dazwischen* _______________
8. *Glotze* _______________
9. *Tyranno, Stego, Bronto, allgemein* _______________
10. *Schwein, weiblich, Winter, Temperatur* __________
11. *Jahreszeit, Sonne, warm* _______________
12. *Kohle, Knete, Moos* _______________
13. *Senior, Beruf, niemals Zeit* _______________
14. *Schule, Beruf, Pädagogik* _______________
15. *Haustier, Jenny, Freddy* _______________

Je mehr Ihre „Denke“ mit der von Jeannette übereinstimmt, desto besser wird Ihre Rekonstruktion ausfallen. Die Auflösung finden Sie in der Anlage 1.

Übrigens, es gibt Berufsgruppen, die stark darauf angewiesen sind, dass man sie „versteht“: Politiker, Lehrer, Verkäufer, Service-Mitarbeiter, Forscher, Handwerker, Steuerberater, Call-Center-Agents, ...
Sie merken schon, fast jeder.
Haben Sie sich schon einmal gefragt, was einen Dieter BOHLEN so erfolgreich macht? Die blöden Sprüche, mit

denen er das Selbstbewusstsein der DSDS-Kandidaten auf eine harte Probe stellt? Nein!

Dieter BOHLEN hat ein Gefühl dafür, welche Art von Musik ins Ohr geht. Er hat ein Gespür für erfolgreiche Musik-Meme. Und dieses Gespür ist viel wert. Es ist dabei nicht angeboren (dann wäre es nämlich Pech, wenn Sie es nicht haben), sondern kann durch Übung erworben werden - im Bereich der Sprache mit Übungen wie der von MÄNTYLÄ: **Die tägliche 5-Minuten-Assoziationsübung** ... so einfach ist das.

Und BIRKENBIHL macht derartige Übungen seit mehr als 40 Jahren (fast täglich). Was sich daraus entwickelt, ist ein immenses Wissensnetz. Wer Vorträge von ihr live oder auf DVD gesehen hat, der weiß, dass diese eine riesige Informationsbreite enthalten. Das führt dazu, dass man beim erneuten Anschauen völlig neue Einsichten erhält.

Ja, sagen Sie jetzt, wenn das so einfach ist, warum machen es dann so wenige? Nun, die Antwort ist klar. Es gibt einige psychologische Spielchen, die wir Menschen (bewusst oder unbewusst) gern spielen. Eines davon heißt „innerer Schweinehund" und ein anderes „**S**elbst**e**rfüllende **P**rophezeiung": „Ich war schon in der Schule doof – warum soll das jetzt anders geworden sein?" oder „Ich habe nicht die Selbstdisziplin, das durchzuziehen!" oder „Kreativ sein ist nicht mein Ding. Das hat mein Partner auch schon gesagt!". Eine selbsterfüllende Prophezeiung hat etwas sehr Gefährliches. Ihr Geist geht mit der Erwartung an eine Aufgabe: „Das schaffe ich sowieso nicht!" Mit einer solchen Einstellung ist Versagen praktisch vorprogrammiert. Was macht nun aber unser Hirn? Es aktiviert das interne Belohnungssystem und schüttet

Dopamin aus, als wolle es sagen: „Cool, Erwartung erfüllt, weitermachen!"
Damit kann sich eine Abwärtsspirale ergeben, die fatale Auswirkungen hat und die nur sehr schwer zu unterbrechen ist.
Sagen Sie also nie von vornherein, dass sie etwas sowieso nicht schaffen, speziell wenn Sie es noch nie ausprobiert haben.

Wie wäre es mit einem Prinzip, dass Vera F. BIRKENBIHL das „Picasso-Training" nennt. Eine Tätigkeit, die Sie gern können würden, probieren Sie genau 30 Mal. Wenn Sie danach noch sagen: „Das ist nichts für mich!", dann ist es ok. Oft kommt allerdings die Motivation von selbst, wenn Sie sich der Tätigkeit eine gewisse Zeit aussetzen.

Also dann ran an die MÄNTYLÄ-Listen.

Übrigens, damit Sie sich nicht selbst im Wege stehen („Ich habe jetzt nicht die Zeit, mir mal schnell 15 Begriffe auszudenken!"), finden Sie im Foren-Bereich der Internetseite www.birkenbihl.de das MÄNTYLÄ-Forum. Dort sind viele Listen mit Begriffen untergebracht, mit denen Sie Ihr Training beginnen können.

2.2. Das ABC-Virus oder das Jena-Syndrom

Nach einem unserer „Tage der Bildung" in Jena kam eine Schulleiterin auf mich zu und fragte, ob es möglich wäre, mit dem gesamten Kollegium der Schule eine umfangreiche Fortbildung zu gehirn-gerechtem Lernen nach BIRKENBIHL durchzuführen.
Natürlich war das grundsätzlich möglich, allerdings war vorher eine Frage zu beantworten:

Will das Kollegium diese Fortbildung oder will die Schulleiterin, dass alle wollen (sollen)? Es stellte sich heraus, dass tatsächlich das gesamte Kollegium teilnehmen wollte. Das hatte ich so noch nie erlebt. Der Nährboden für die Aktivität des BIRKENBIHL-Virus war wohl gut aufbereitet.

Den Startpunkt in der ersten Veranstaltung setzten assoziative Techniken. In Anlehnung an das Stadt-Land-Fluss-Spiel begannen wir mit einer ABC-Liste zum Thema Jahreszeiten.

Eine ABC-Liste ist ganz einfach: Oben ein Thema, zu dem Sie Ihre Gedanken notieren wollen, sowie das Datum und am linken Rand die Buchstaben des Alphabets. Nun lassen Sie Ihre Augen über die Buchstaben „schlendern" und wenn Ihnen zum Thema etwas einfällt, tragen Sie es zum betreffenden Anfangsbuchstaben ein. Dabei spielt es keine Rolle, ob Zeilen frei bleiben oder mehrfach belegt sind. Wichtig ist nur, dass Sie das, was Ihnen inhaltlich einfällt, auch notieren.
Nehmen wir einmal das Thema „Musikinstrumente".
Eine ABC-Liste dazu könnte folgendermaßen aussehen:

A
B Balalaika, Bass
C Cembalo
D
E
F Flöte
G Gitarre
H
I Igil
J
K Keyboard
L
M Mundharmonika, Mandoline
N Nasenflöte
O Okarina, Orgel

P Panflöte, Pauke
Q Querflöte
R
S
T Trompete, Triangel
U Ukulele
V Violine, Viola, Violoncello
W
X Xylophon
Y
Z Zither

Es kommt nicht in erster Linie darauf an, dass bei allen Buchstaben etwas steht. Die Ausbeute ist interessant. Und Sie werden merken, dass Ihr Gehirn unbewusst daran arbeitet, Lücken zu füllen. Sollten Ihnen weitere Instrumente einfallen, dann tragen Sie sie einfach dazu.

Übrigens, IGIL ist eine mongolische Pferdekopfgeige. Sie hat im Unterschied zur klassischen Geige nur 2 Seiten und wird ähnlich einem Cello zwischen den Knien gehalten.

Die meisten Teilnehmer der Fortbildung kannten die ABC-Liste bereits und so konnten wir sofort in die Übungen gehen und Varianten durchsprechen. In dieser simplen Technik „ABC-Liste", die so einfach umzusetzen ist, steckt ein hohes Suchtpotenzial. Und so standen nach dieser Fortbildung viele der anwesenden Lehrer „unter Drogen". Gemeint sind hier natürlich die körpereigenen Drogen, allen voran Dopamin, Glutamat und Serotonin.

Was sich am folgenden Tag im Unterricht abspielte, lässt sich in etwa so wiedergeben:

1.Stunde - Klasse 6b, Klasse 7a und weitere Klassen:
LehrerIn: „Heute möchte ich Euch eine tolle Lerntechnik vorstellen, die ABC-Liste. Ich weiß, dass Ihr davon begeistert sein werdet."

2.Stunde – Klasse 6b, Klasse 7a und weitere Klassen:
LehrerIn: „Wir werden heute eine neue Lerntechnik kennenlernen – die ABC-Liste. Sie wird Euch gute Dienste leisten."

3.Stunde – Klasse 6b, Klasse 7a und weitere Klassen:
LehrerIn: „Ihr werdet heute eine super Technik kennenlernen. Das ist der blanke Wahnsinn. Ich muss Euch das unbedingt erzählen."

4.Stunde – Klasse 6b:
Schüler: „Stimmt`s Frau Müller, wir lernen heute eine Super-Lerntechnik kennen, die ABC-Liste."

Die Lehrer waren von der Einfachheit der ABC-Liste und der damit verbundenen schnellen Umsetzbarkeit dermaßen begeistert, dass fast alle diese in jeder Unterrichtsstunde des Tages nach der Fortbildung eingesetzt haben.

Das ist natürlich nicht gewollt und könnte wie ein Strohfeuer schnell wieder verlöschen.
Die Infektion wird dauerhafter, wenn sie kommt, ohne dass man sie bemerkt.
Also wird die ABC-Liste nicht als DAS Super-Lern-Tool (also die „eierlegende Wollmilchsau") angepriesen, sondern wie selbstverständlich benutzt. Aufgrund ihrer Einfachheit ist das ja kein Thema.

Also: Leere ABC-Listen austeilen und Erfahrungen damit sammeln lassen!
So stellt sich der Erfolg schneller ein, als durch eine ausführlich theoretische Würdigung.

Inzwischen gibt es neben Lexika einige Bücher, die Wissen in ABC-Form kurz und knackig präsentieren. Viele Anregungen habe ich beispielsweise aus dem „Buch der merkwürdigen Listen" entnommen.

In den Anlagen 2 und 3 habe ich zwei besondere Listen verewigt: eine Liste außergewöhnlicher Gedenktage im Jahr und eine Liste verrückter Events in Europa.

2.2.1. Mitschrift – mal anders

Auf einem der Birkenbihl`schen Vorträge des Jahres 2004 nahm ich die Anregung auf, bei Vorträgen, Seminaren oder beim Anschauen von TV-Dokumentationen die Mitschrift in ABC-Form zu machen – Vera F. BIRKENBIHL nennt sie ABC-Aktiv.
Bisher hatte ich mir meine Notizen linear angefertigt und mich damit klar an die Struktur des Vortrages gehalten. Nun begann ich, in ABC-Listen mitzuschreiben. Diese Notizform ist demokratisch, da sie sich nicht an die vorgegebene Regie hält, sondern Schlüsselgedanken einfach den Anfangsbuchstaben zuordnet. Es ist hochinteressant, welche Effekte dabei auftreten.
Den Gedankengang des Autors bekommen wir live mit, er widerspiegelt sich allerdings nicht in unserer Mitschrift. Beim nachträglichen Durchsehen der Notizen muss der Geist eine neue Verbindung schaffen. Bei manchen Dingen gelingt uns das, bei anderen bedarf es einer Anstrengung. Wir kommen bei dieser Form der Mitschrift viel mehr ins Denken, wenn wir so den „Stoff" noch einmal durchgehen.

Einer dieser AHA-Effekte tauchte bei mir nach einer TV-Dokumentation über „Strom" auf, die im Jahr 2005 bei Nano ausgestrahlt wurde.

Hier sind meine ABC-Notizen zur Doku:

A Atomkraftwerk, Abschaltung
B Biblis, BHKW, Blockstationen seit 1886
C
D Domino-Effekt, Defibrillator 750V
E Edison, Elektrischer Stuhl, Energie-Mix, Elefant tot
F
G Gleichstrom (bis 2km)
H Höchstspannung (380kV), Haut=Isolator
I Italien (Stromausfall 2003)
J Jahresausfall: D – 15Min./Portugal – 8 Std.
K
L Leitungsausfall (5-10 Jahre)
M Muskelkrämpfe
N Netzreserven, Netz oberirdisch: 380kV&110kV, Netz unterirdisch: 20kV bis 230V
O
P Patentverletzung (Edison-Westinghouse)
Q
R Rein-Raus-Problem (z. B. bei Fußballspielen, Halbzeit, Toilette)
S Stromausfallschema, Sicherheit: RWTH Aachen
T Transport
U Überlastung
V Verteufelung Wechselstrom, Vorhersage Bedarf
W „weiße Nacht", Westinghouse (George), Wechselstromkraftwerk 1911 Köln
X,Y,Z

Ich kann mich heute noch gut daran erinnern, welche der notierten Begriffe zur Historie gehören und welche aktuellen Problemstellungen zuzuordnen sind.

Inzwischen mache ich mit Farben zusammengehörende Gedankengänge deutlich und bringe am rechten Rand eigene Assoziationen unter. So werden die Gedanken des Beitrages mit meinem Wissensnetz verwoben.

2.2.2. Denke nie, gedacht zu haben...

Neulich fand ich zufällig eine ABC-Liste, die ich zu einem Buch vor einiger Zeit angefertigt hatte. Interessante Bücher liegen bei mir eine Zeit lang – nicht lachen – auf der Toilette im Keller, vor der ich einen kleinen Tisch stehen habe. Dort sind ABC-Listen und Stifte, und so kann ich gleich Notizen zum Gelesenen machen.
Vor meiner Infektion mit dem BIRKENBIHL-Virus habe ich nur gelesen und mich hinterher genervt, dass so wenig im Gedächtnis haften blieb. Nach einem Artikel von Professor Ernst PÖPPEL wehrt sich das menschliche Gehirn gegen Lesen (Quelle:http://www.welt.de/wissenschaft/article6990478/Schulbuecher-machen-Kindern-das-Lesen-schwer.html). Speziell sind damit sicher mit vielen Details gespickte Sachtexte gemeint, die vielleicht nicht einmal interessant geschrieben sind. Wie müssen sich da Schüler fühlen, die langweilige Texte zum Lesen vorgegeben bekommen und sich daraus möglichst viel merken sollen.
Aus diesem Grund liegen ABC-Listen bereit, in die ich für mich wichtige Dinge aus den Büchern eintrage.

Die oben erwähnte Liste ist aus dem Buch „Das X in Sex" von David BAINBRIDGE entstanden und soll hier als Beispiel herhalten.

Auszug aus der ABC-Liste zum Buch „Das X in Sex"

A Autosomen
B Bonellia (Wahl)
C Chromosomen
D Drosophila (XX,X), Dystrophie-Gen, Duchenne, usw.

Beim Durchlesen dieser Liste kamen mir einige Gedanken, die ich gleich auf eben dieser vermerkte:

Autosomen	Der Mensch hat zwei Chromosomensätze mit je 23 Chromosomen; ein Paar davon sind die Geschlechts-Chromosomen X und Y; die anderen 22 Paare nennt man Autosomen; sind die eigentlich IMMER völlig gleich?
Bonellia	ein Meeresbewohner (Wurm); der entscheidet frei über Männchen und Weibchen; naja ... nicht ganz frei; schwebt er über einem Weibchen, wird er zum Männchen, sonst nicht; Welche Tiere gibt es noch, die ihr Geschlecht von der Umwelt abhängig machen? Wie war das mit Schildkröten und deren Eiern? Hing das nicht von der Temperatur ab?
Chromosomen	Hat man nicht berechnet, dass das Y-Chromosom beim Menschen aussterben wird? Wird der Mann dann aussterben? Der Gedanke gefällt mir aus irgendeinem Grund nicht!
Drosophila	Ah, eine Fliegenart – das ist doch eines der Lieblingstiere von Hirnforschern... Warum eigentlich? Was ist an ihr besonders? Irgendetwas mit Lernen. Da muss ich nochmal nachschauen!
Dystrophie	vor allem bei Muskeln – der Muskelschwund; eine Krankheit, die durch das X-Chromosom beim Menschen übertragen wird; inzwischen hat man das Dystrophie-Gen entdeckt – das ist riesig groß; es wird über den weiblichen Weg vererbt, oder? Ist mir noch nicht ganz klar. Internet fragen oder Vera? Da gibt

es doch noch andere Krankheiten, die über das X laufen; irgendetwas mit Krankheiten in Königshäusern, bei denen nur Jungen betroffen sind.

Möglicherweise können Sie mit meinen Gedanken-Bruchstücken nicht viel anfangen. Dieses Kommentieren von Listen mit eigenen Assoziationen hat sich für meine Denk- und Gedächtnisprozesse als ungemein hilfreich erwiesen.
Probieren Sie es doch auch einmal...
Wenn Sie auf diese Weise „alte" ABC-Listen noch einmal durchgehen, werden Sie erstaunt sein, wie sich Ihr Wissensnetz entwickelt.

2.2.3. Abnehmen im „Goldenen Schnitt"

Ein Unternehmen hatte mich eingeladen, vor Führungskräften der mittleren Leitungsebene über gehirn-gerechtes Lernen zu berichten.
Ein Seminartag war geplant und ich hatte viele Übungen vorbereitet. Schließlich war ich ja einer der wenigen, die in der unmittelbaren Umgebung der „Meisterin des gehirn-gerechten Arbeitens" (Vera F. BIRKENBIHL) lernen durften. Irgendwann im Laufe des Nachmittags kamen wir auf das Thema Kreativität zu sprechen und ich führte als Beispiel dafür die Technik „ABC-Kreativ" an, eine Technik, die ich kannte, aber noch nie ausprobiert hatte.
Bisher war das gut gegangen, keiner hatte je nachgefragt. Und so redete ich:
„Da haben Sie auf der einen Seite ein Problem und auf der anderen Seite eine ABC-Liste zu einem Ihrer Kernthemen. Dann vergleichen Sie schrittweise Ihr Problem mit jedem Eintrag auf der Liste und geben Ihrem Geist eine gewisse Zeit (z. B. 30 Sekunden) zum Assoziieren. Kommt keine spannende Assoziation dabei heraus, dann weiter zum nächsten Begriff."
Ist doch nicht schwer zu verstehen, oder?

Seien Sie sehr vorsichtig bei der Präsentation von Techniken, die Sie noch nie ausprobiert haben – das kann schief gehen.

Und dann meldete sich doch tatsächlich eine Teilnehmerin mit den Worten: „Könnten Sie das mal an einem Beispiel aus unserer Arbeit deutlich machen? Ich habe das so noch nicht verstanden!"

Aus dieser Nummer kam ich nicht mehr raus...

Also antwortete ich: „Selbstverständlich! Wie würden Sie denn Ihr Problem beschreiben?"
Darauf ihre Antwort: „Wir versuchen, Menschen mit erheblichem Übergewicht anzuleiten, dass sie systematisch an Gewicht verlieren und das geringere Gewicht dann dauerhaft beibehalten. Bei vielen unserer Teilnehmer greifen die Argumente nicht – Was können wir da tun?"
Auf meine Bitte, das Problem mit einigen Begriffen zu umschreiben, fielen die Worte
Abnehmen
Wunschgewicht
Gewichtsreduktion.
Nun benötigen wir eine ABC-Liste zum Vergleichen. Welche ist da geeignet? Es muss ja eine sein, mit der ich mich gut auskenne ... und so holte ich eine Mathematikliste hervor und mir wurde etwas flau im Magen. Was würde wohl passieren? Ich stand unter Erfolgsdruck!
Ich schaute zunächst unter dem ersten Anfangsbuchstaben (A wie Abnehmen) in der Liste nach und fand A... Arithmetik. Spontan schossen mir folgende Assoziationen durch den Kopf:

> *- Grundschule – Zahlenbereich bis 10 – dann erweitern bis 100 – schön langsam, dass alle mitkommen – geht man*

zu schnell vor, bleiben einige zurück – aha: auch bei Gewichtsreduzierung sollte man langsam vorgehen – Machen wir vielleicht zu große Schritte? – Wollen wir zu viel auf einmal? – Wie muss das Ziel dann formuliert werden? – Wie kann man die Methodik der Grundschullehrer auf dieses Problem übertragen?

Sie merken schon: Mehr Fragen als Antworten. Aber es geht ja auch gar nicht um Antworten, sondern lediglich um Assoziationen. Wie kann ich 2 Themen, die miteinander (eigentlich) nichts zu tun haben, in Verbindung bringen? KÖSTLER nennt so etwas eine Bi-Soziation. Leonardo DA VINCI drückte es folgendermaßen aus: „Gib einem Menschen zwei Gedanken, die nicht verbunden sind, und ein wenig Zeit, und sein Geist wird eine Verbindung schaffen."

Die Reaktion aus der Gruppe zeigte mir, dass es wohl recht spannend war, einem Mann beim Sprechdenken zuzuschauen, dass es das aber noch nicht gewesen sein könne.
Also weiter:
Der 2.Buchstabe ist W (wie Wunschgewicht). In der ABC-Liste „Mathematik" stand „Winkel".

Hierbei ergab sich folgende Assoziationskette:

- der hat 2 Schenkel - die sind mehr oder weniger weit auseinander - man unterscheidet spitze, stumpfe, rechte, überstumpfe Winkel - wie bei einer Schere - da sind die Schneiden auch in bestimmten Winkeln angeordnet - da fällt mir die Papierschere ein - so eine kleine aus Plast - wenn man da nur ein wenig verkantet, dann schneidet sie nicht - das Papier knittert stark - das sieht doof aus - aaahhh - es kommt

wohl auf das richtige Werkzeug an - kann das Werkzeug auch ESSEN sein? - Welches Essen dient denn dem Wunschgewicht? - Welches Essen entspricht der Papierschere und welches einer geschliffenen Edelstahlschere? - Und wie ist es mit den Kosten? - offensichtlich sind Papierscheren deutlich preiswerter als hochwertige Scheren - das ist mit Sicherheit beim Essen auch so - also ein wenig mehr investieren, muss schon sein - Aber hat nicht Tim Mälzer erst neulich in einer Sendung gesagt, dass man auch mit einem schmalen Budget gute Zutaten einkaufen kann?

Ich war von mir einigermaßen beeindruckt. So viele Gedanken, die scheinbar nicht abrissen...
Die Fragestellerin nickte zustimmend und meinte, dass es wohl wichtig sei, viele Fragen zu stellen.
Jawohl, denn Fragen öffnen den Geist – eine Feststellung, die bereits vor Jahrzehnten die emeritierte Harvard-Professorin, Ellen J. LANGER, machte.

Um noch einmal festzuhalten: Es kommt nicht darauf an, gleich DIE beste Lösung zu finden. Es ist viel besser, seinen Assoziationen freien Lauf zu lassen und dabei zu beobachten, welche Wege diese nehmen. Das gibt Ihnen einen tollen Einblick in Ihr Wissensnetz.
Es ist völlig klar, dass ein Ungeübter dabei eine deutlich geringere Ausbeute hat. Auch das ist ein Trainingsprozess, der mit der Zeit immer bessere Ergebnisse liefert. Es lohnt sich!

Aber hier ist die Geschichte nicht zu Ende. Nun stand noch Begriff Nr.3 zur Assoziation: „G wie Gewicht reduzieren".

Ein Blick in mein „Mathe-ABC“ lieferte: „G wie Goldener Schnitt“. Oh ... mal sehen, was da so kommt!
Hier ist die Assoziationskette:

- Goldener Schnitt - Zahlenverhältnis von 1 zu 1,618 - findet man in der Architektur - aber auch in der Biologie - das Verhältnis ist „ästhetisch“ - bei Film und Fotografie wird darauf geachtet - FIBONACCI-Zahlen – bei diesem Assoziieren kam mir plötzlich ein Gedankenblitz: Hatte ich nicht auf den Internetseiten des Unternehmens, für das ich hier arbeitete, gelesen, dass für ein halbes Jahr beim täglichen Essen eine Kalorienreduzierung von 1.600 auf 1.000 vorgenommen wurde? - 1.600 zu 1.000, das gibt ja bei Teilung 1,6, also etwa den Goldenen Schnitt. Ist das also DIE ästhetische Form der Gewichtsabnahme?

Ich war so in Gedanken, dass ich nicht merkte, wie sich die Fragestellerin etwas notierte.
Der Vergleich der Kalorienreduzierung mit dem Goldenen Schnitt war offensichtlich eine interessante Idee für das Marketing. Diesen Faden spannen wir in der Mittagspause weiter.

Durch ABC-Kreativ, also bewusst hergestellte Verbindungen zwischen einem Problem und den Einträgen einer ABC-Liste (in unserem Fall „Mathematik“), ergeben sich neuartige Gedanken, auf die man ohne diese „Hilfestellung“ nicht gekommen wäre.

Sie sollten nicht erwarten, dass immer und sofort ein Erfolg eintritt. Lassen Sie die Gedanken einfach fließen. Der Erfolg kommt mit der Zeit – sicher!

BIRKENBIHL bezeichnet bi-soziatives Denken als „Kreativität hoch zwei". Gute Witze haben eine Pointe, über die man herzhaft lachen kann, und eben diese Pointe ist eine Bisoziation.

Mit der oben genannten Story hatte ich mein Schlüsselerlebnis zur Methode „ABC-Kreativ".

Es machte mir zwei Dinge deutlich:

1. Wenn ich etwas höre und spannend finde, dann muss ich es VOR dem Weitergeben ausprobieren. Bei der ABC-Kreativ-Technik hatte ich Glück, dass mir so viele Assoziationen eingefallen sind. Das lag allerdings sicher an der mir vertrauten ABC-Liste zur Mathematik. Es hätte genauso gut ins Auge gehen können. Wissen ist mit Können gepaart wesentlich wertvoller. Aber Können braucht Training – Training für den Aufbau von Nervenbahnen im Gehirn.
2. Wieder mal bin ich auf eine Birkenbihl`sche Technik gestoßen, die mich in der praktischen Anwendung wegen Ihrer Einfachheit verblüfft hat. Sie funktioniert eben...

2.2.4. Wozu eine Toilette gut ist

Für die nächste Methode benötigen Sie einen Umschlag, am besten in A4-Größe. Es geht um ABC-Couvert.

Dabei handelt es sich um eine Technik, bei der ABC-Listen über eine längere Zeit (4 Wochen und mehr) angefertigt, in ein Couvert gelegt und über diesen Zeitraum nicht wieder angesehen werden. Die Listen sind immer zum selben Thema und die Zeit für die Bearbeitung immer gleich, zum Beispiel zwei Minuten. Geben Sie sich ein Thema vor, das für Sie von Bedeutung ist, also zum Beispiel: das Liebesleben der Bienen, Epigenetik oder Kindererziehung). Hierzu benötigen Sie allerdings schon eine starke Motivation. Schließlich geht es darum, mindestens die 4 Wochen durchzustehen, täglich - ohne Ausnahme (naja, fast ohne). Ich hatte mir diese Couvert-Technik auch schon mehrfach vorgenommen und immer wieder nach einigen Tagen abgebrochen.

Und dann kam die entscheidende Situation: Auf Einladung eines Elternverbandes in der Nähe von Frankfurt/Main hielt ich einen Vortrag vor ca. 350 Eltern zur Thematik des gehirn-gerechten Lernens.
Wir begannen mit dem Stadt-Land-Fluss-Spiel, einem der einfachsten und wirkungsvollsten Assoziativspiele, die ich kenne. Leider gerät dieses tolle Spiel nach der Kindheit zunehmend in Vergessenheit. Nach dem Spielen der Standardkategorien „Stadt, Land und Fluss" hatte ich mir die Vorgehensweise von Frau BIRKENBIHL angewöhnt, „Stadt, Land und Quantenphysik" zu spielen. Dabei war es nicht notwendig, speziell die letzte Kategorie zu spielen, da die meisten Menschen von Quantenphysik keine Ahnung und demzufolge auch keine Assoziationen haben. Aber der Effekt ist natürlich da.

Nun warnt BIRKENBIHL insbesondere Lehrer und Trainer vor einem Spielen mit nicht vorhandenem Wissen. Es könnte ja doch mal ein Quantenphysiker im Publikum sitzen.
Also ersetzte ich kurzerhand die Kategorie „Quantenphysik" durch die Kategorie „Vektoranalysis". Dazu sollte ich wohl mehr wissen (als promovierter Mathematiker). Allerdings lag die intensive Beschäftigung mit Mathematik bereits ca. 20 Jahre hinter mir, was mir in dem Moment nicht bewusst war.
Und so kam es, wie es kommen musste. Im Publikum saß ein praktizierender Mathematiker, der sich speziell in Vektoranalysis auskannte. Und der hatte natürlich auch Assoziationen zum Thema. Nachdem wir unsere

Gedanken ausgetauscht hatten, korrigierte er auch gleich öffentlich meine, was mir sehr peinlich war. Zum Glück hatte kaum jemand im Publikum meinen „Gesichtsverlust" bemerkt und der weitere Vortrag lief ausgezeichnet.

Allerdings hat mich mein „Nichtwissen" gewurmt, habe ich doch gedacht, da sei ich fit.
Mit Hilfe von ABC-Couvert sollte eine Rekonstruktion des verschütteten Wissens zu „Vektoranalysis" leicht möglich sein. Und da mir etwas Ähnliches nicht noch einmal zustoßen soll, ging ich an die Couvert-Technik. Die Aufgabe lautete, 4 Wochen lang jeden Tag 2 Minuten eine ABC-Liste zu „Vektoranalysis" erstellen, in ein Couvert legen und nach 4 Wochen konsolidieren (also alle Listen zu einer großen zusammenfassen). Die konsolidierte Liste finden Sie übrigens auf meiner Internetseite www.bauchhirn.de.

Wenn man eine neue Gewohnheit etablieren will, dann sollte man sie mit bereits vorhandenen Gewohnheiten verbinden. Das erleichtert das Durchhalten ungemein.

Und so wählte ich als Ort das „Keller-Örtchen" bei uns im Haus, das Sie ja bereits kennen. Da bin ich ungestört und täglich fast zur gleichen Zeit, und die 2 Minuten sind auch kein Problem. Für das Vorhaben ABC-Couvert deponierte ich einen weiteren Stapel von ABC-Listen, einen Timer und einen A4-Umschlag.
Mein innerer Dialog an den folgenden Tagen ging in etwa so:

Tag 1: Ganz schön wenig Begriffe. Aber daran arbeiten wir ja jetzt. Wird schon werden.

Tag 2: Immer noch so wenig. Wie lang können 2 Minuten sein?

Tag 3: Jetzt müsste doch etwas auftauchen. Ja wo isses denn? Vorhandenes Wissen soll sich doch schnell rekonstruieren lassen. Naja, abwarten. Nicht gleich so ungeduldig.

Tag 4: Bloß gut, dass das keiner sieht, wie ich mich hier abmühe. Immer noch so wenig Begriffe. Da ist wohl doch einiges in den 11km des unbewussten inneren Archivs verloren gegangen.

Tag 5: Jetzt reicht es! Was kann ich tun, um mehr Begriffe zu notieren? Wo stehen eigentlich die Mathelexika? Einfacher ist vielleicht googeln...

Gedacht, getan. Ich ging sofort an den Computer und suchte nach dem Stichwort „Vektoranalysis". Was da alles auftauchte... Und vieles kam mir schon bekannt vor. Der Archivar meines „inneren Archivs", der mich bei den Listen so im Stich gelassen hatte, würde damit leben müssen, dass ich mir externe Hilfe holte.
Am nächsten Morgen konnte ich sage und schreibe 18 neue Begriffe in die Liste schreiben und war mächtig stolz.
Nach 10 Tagen platzte irgenwie der Knoten und ab da waren die 2 Minuten viel zu wenig. Mein Netzwerk zur Vektoranalysis begann wieder zu arbeiten.
Na Gott sei Dank...
Vier Wochen lang habe ich die Couvert-Technik zu diesem Thema ausgeführt und dann konsolidiert. Zwischendurch war ich mal frustriert und mal total begeistert und habe dabei viel über mich selbst erfahren.

Da die Mathematik nicht mehr zu meinen Kernthemen gehört, habe ich das Üben in diesem Bereich dann fallengelassen. Vera F. BIRKENBIHL betont, dass Übungen wie die Couvert-Technik zu den Kernbereichen nie aufhören dürfen.

2.2.5. Die AAA-Story

Ende 2005 bekam ich einen Anruf von einer Volkshochschule aus dem Bayerischen Wald. Man hätte gehört, dass ich Vorträge und Seminare zu den Birkenbihl-Methoden durchführe und man würde gern ein Seminar veranstalten. Wann es denn ginge.
Wir vereinbarten einen Termin im März 2006. In Begleitung meiner Tochter Jeannette kam ich am Tag zuvor an. Unser Zimmer war bezugsfertig und da wir uns von der (530km) langen Reise etwas ausruhen wollten, freuten wir uns auf einen wenig anstrengenden Fernsehabend mit Trivialunterhaltung.
Doch was war das??? Kein Fernseher im Raum???
Was nun?
Ich hatte noch einiges für das Seminar vorzubereiten, aber was sollte Jeannette tun?

Plötzlich stand sie auf, griff sich einige leere A4-Blätter und kritzelte etwas darauf. Nun meldete sich mein Neuromechanismus „Neugierde“ und veranlasste mich zu fragen: „Sag mal, was machst`n Du da?“
Sie erwiderte, dass sie eine AAA-Liste mache.
AAA-Liste – noch nie gehört. ABC-Liste ist klar, aber AAA???
Hier war Aufklärung nötig. Wie sich herausstellte, bastelte Jeannette an einer Geschichte, bei der alle Worte mit „A“ beginnen. Dazu fertigte sie 3 AAA-Listen mit Substantiven, Verben und Adjektiven an, aus denen sie dann die Sätze baute.
Mein Neuromechanismus „SINN suchen“ bäumte sich kurz auf, ließ es aber dann doch geschehen.

Nach ca. 30 Minuten war die folgende Geschichte fertig:

> ***Alltägliches auf Azoren***
> *Abends. Acht aufgeweckte Australier auf Abwegen. Artikulieren außergewöhnlich*

auf arabisch. Arbeiten als Arabischlehrer
auf Azoren. Aha.
Auch andere Ausländer auf Abenteuer
aus: Andreas, Achim, Arnold, Angelika,
Anne, Astrid.
Anbei auch Amerikaner, außer Anthony.
Anthony arbeitet abends am Affenge-
hege. Arbeitet an Affen-Akrobatik aller
Affen als Anschauungsnummer auf
Azoren. Affengeil.
Auch auf Azoren: Asiaten. Angeln alles
außer Aale. Als außergewöhnliches
Abendessen auf Azoren angeboten.
Angenehmen Appetit.
Alle arbeitenden Ausländer auf Azoren
aufgeweckt.
Alltägliches auf Azoren.

Wow! Nicht schlecht! Mein Neuromechanismus „assoziatives Denken" schlug sofort an und erinnerte mich an die 10A-Regel für Führungskräfte: „Alle anfallenden Arbeiten auf andere abwälzen, anschließend anschei..., aber anständig!"

Kann man auch zu anderen Buchstaben solche Geschichten schreiben? Ginge das sogar bei allen Buchstaben? Bei welchen Buchstaben ist es am leichtesten? Am selben Abend ließ Jeannette noch die Geschichte „Tolle Träume" entstehen und später kamen durch ihre Zwillingsschwester Daniela weitere dazu. Sie finden sie auf der Internetseite www.bauchhirn.de.

2.3. Kunde König, oder was?

Schauen Sie sich bitte die folgenden drei Bilder an. Was fällt Ihnen auf?

Bild 1:

Bild 2:

Bild 3:

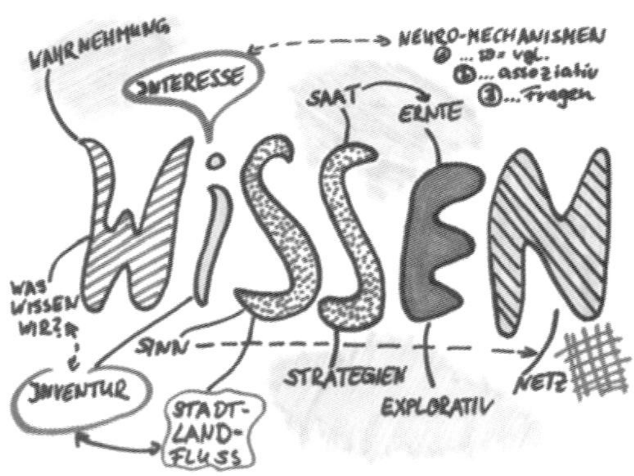

Mir fallen folgende Dinge auf:

____

____

Diese bildhaften Darstellungen stellen eine Denktechnik dar, die vfb KaWa nennt. KaWa ist ein Kunstwort aus „**K**reative **A**nalograffiti mit **W**ort**a**ssoziationen“ oder kurz: ein Wortbild.

Aus der Schar der mit dem BIRKENBIHL-Virus-Infizierten wenden sehr viele diese Form grafischen Denkens an.
Bild 1 ist ein Original-KaWa von Vera F. BIRKENBIHL,
Bild 2 stammt von mir und
Bild 3 ist von meiner Tochter Daniela.

Ich selbst erstelle KaWas zum einen für die eigene Vorbereitung von Präsentationen, bei denen ich das KaWa als „roten Faden“ nutze. Andererseits lasse ich sie von Seminarteilnehmern erstellen, um deren Assoziationen mit meinen vergleichen zu können. Außerdem bekommt man damit einen schnellen Eindruck davon, was jemand zu einem Thema weiß bzw. denkt.

So hatte ich einmal bei einer Tagung von Führungskräften die Aufgabe gestellt, in 90 Sekunden ein KaWa zum Thema KUNDE zu entwerfen. Nach Ablauf der Zeit sammelten wir ein und konsolidierten die Einträge auf einem großen A2-Blatt. Es waren immerhin 247 Bögen. Das Ergebnis war erschütternd. Diese Gruppe von Führungskräften assoziierte in ca. 50% aller Einträge KUNDEN mit negativen Begriffen.

Hier sind einige mehrfach genannte davon:
K - Kohle, Kritik, Kosten, Kotzbrocken, Kummer, Kampf
U - unzumutbar, Unruhe, unersättlich, unzufrieden, unberechenbar, unwissend, unbequem
N - Nörgler, naiv, Niete, Nein-Sager, negativ
D - dreist, durchgeknallt, dumm, Dauerstress, dominant, Dividende
E - Ende, eigensinnig, eingebildet, engstirnig, Enttäuschung

Nun könnten Sie sagen: Naja, 50% der Einträge waren ja positiv. Dann muss ich ganz ehrlich sagen, dass mir diese Art des positiven Denkens nicht liegt. Ich fand die Auswertung erschreckend.
Dienstleistungswüste Deutschland? Da ist wohl doch etwas dran. Nicht umsonst sagt der japanische Unternehmensberater Minoru TOMINAGA: „In Deutschland gibt es keine Verkäufer, da gibt es nur Warenbewacher."

Aber zurück zum KaWa. Es stellt eine Alternative bzw. Ergänzung zur ABC-Liste dar und kann gut als Feedback verwendet werden. In der Schule z. B. kann ein Lehrer die Aufgabe stellen, ein KaWa zu einem Thema anzufertigen. Dann sammelt er es ein und konsolidiert. Er bekommt damit einen sehr guten Überblick über die Assoziationen zum betreffenden Thema und kann die neuronalen Netzwerke seiner Schüler viel besser ansprechen. Dasselbe gilt übrigens auch für Firmen. Hier ist es genauso wichtig, dass die Botschaften der Chefs die Gehirne der Mitarbeiter erreichen und die Botschaften der Kundenberater die Gehirne ihrer Kunden. Oft ist genau das nicht der Fall.

Darüber hinaus ist das schön gestaltete KaWa ein ästhetischer Genuss. Man kann es zu Geburtstagen anfertigen und hat damit gleich ein individuelles Geschenk. Zugegeben, der Aufwand ist größer als mal schnell eine Flasche Wein beim Lebensmittelhändler um die Ecke zu holen. Aber das kann ja auch jeder ohne Übung.

2.4. Die offene Verschlusssache

„Zeichnen Sie bitte einen Hund!" war eine Aufforderung in einem der Birkenbihl`schen Vorträge. Interessant zu beobachten, was dann passierte. Einige legten gleich los, andere guckten etwas irritiert zu ihren Nachbarn (wahrscheinlich, um sich Ideen zu holen) und wieder andere senkten ihren Blick zu Boden.
Zeichnen – nein – das ist nicht unbedingt die tollste Sache der Welt, noch dazu, wenn andere zugucken. Da kann man sich ja nur blamieren.
Eine Grundregel für mich heißt: Blamiere Dich täglich mindestens einmal, dann gewöhnst Du Dich dran.

Ich möchte die Aufgabenstellung gleich mal an Sie weitergeben: Zeichnen Sie in das folgende Kästchen einen Hund!

Na, wie sieht er aus? Kann man das Wesentliche eines Hundes erkennen? Was ist für Sie wesentlich? An welche Hunde denken Sie gerade?

Die meisten Menschen schauen auf ihr Bild und fangen gleich an, pauschal zu bewerten. Und oft fällt diese Be-

wertung negativ aus. Mitunter wird das aus der Mimik und Gestik eines zufällig Anwesenden deutlich. Das trifft direkt ins Herz und hält uns dann davon ab, es weiter zu versuchen.
Wenn Sie in einer Runde fragen, wer gut Witze erzählen kann, dann zeigen die meisten auf einen in der Gruppe. Der Großteil kann es nicht. Auf die Frage: „Und wie oft haben Sie das schon geübt?“, erntet man oft Unverständnis.
Ja, Witze erzählen muss man üben, um es zu können. Und genauso ist es mit dem Zeichnen. Ungeübt kann man den Hund leicht mit Ratte, Maus oder Schwein verwechseln. Zumindest war das bei meinen ersten Hunden immer so. Inzwischen sieht mein „Standardhund“ ganz passabel aus. Darauf gestoßen bin ich durch gegoogelte Hundebilder. Es war eine Zeichnung von PICASSO dabei, die ich als Vorlage verwendet habe. Hier ist meine Version von Waldi:

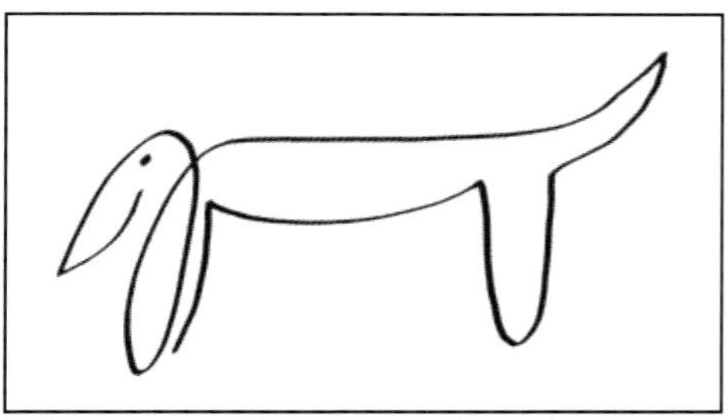

Warum ist das Zeichnen so wichtig?

Ein großer Teil unserer Wahrnehmung erfolgt visuell. Dieses System haben wir Menschen speziell in den industrialisierten Ländern hervorragend ausgebildet (und dabei andere Sinne vernachlässigt, wie z. B. den Geruchs- und Geschmackssinn). Die Fähigkeit, sich innere Bilder und Filme von realen Dingen zu machen, ist eine der

Grundbedingungen für Erfolg in unserer Gesellschaft. Doch wie kann man diese Fähigkeit entwickeln?
Zum Beispiel durch Zeichnen. Die Klarheit eines inneren Bildes (von einem Hund) überträgt sich auf die Güte der Hundezeichnung. Andererseits erstellen Sie durch das Üben von Zeichnungen eben gerade ein klares inneres Bild. Nehmen Sie ein paar Vorlagen und zeichnen Sie sie einfach ab, wieder und immer wieder. Sie werden staunen, wie schnell recht passable Ergebnisse entstehen. Wichtig dabei ist natürlich, etwas zu zeichnen, dass Sie gern zeichnen möchten. Nun ja, das muss kein Hund sein. Ich selbst habe gute Erfahrungen mit Karikaturen gemacht. Ein sehr schönes Buch dazu hat Walter HALBINGER veröffentlicht. Es heißt „Karikaturen zeichnen für Einsteiger".

Von einer Vorlage aus diesem Buch sehen Sie hier den 1., den 15. und den 25.Versuch.

Na, wird doch immer besser ... oder was meinen Sie? Diese Übungseinheit hat insgesamt gerade einmal 30 Minuten gedauert und fand in der „Sparschweinchen-zeit" statt.

Zur „Sparschweinchenzeit" gehören z. B. Werbepausen im Fernsehen, bei denen man herumzappt, Warteschlangen im Supermarkt, Staus auf den Autobahnen. Und nun raten Sie mal, von wem dieser Begriff stammt...

Vera F. BIRKENBIHL hat das Zeichnen auf eine ihr eigene Weise kultiviert: als KaGa. Auch KaGa ist ein Kunstwort und steht für **K**reative **A**nalograffiti mit **g**rafischen **A**ssoziationen.

Ein KaGa kann ein Bild (Piktogramm) oder die Darstellung einer Idee (Ideogramm) sein. Einige meiner ersten KaGas habe ich zu Redewendungen gezeichnet, z. B. wie jemand um den heißen Brei redet oder mit dem Kopf durch die Wand geht.
Frau MEICHSNER, Kunstlehrerin an einer Zwickauer Schule, hat mit ihren Schülern ein KaGa-Projekt zum Thema „Verschlusssache" angefertigt.

Überlegen Sie mal kurz selbst: Welche Dinge, die man verschließen kann, fallen Ihnen auf Anhieb ein?

Was man verschließen kann: ______________________

____

Und hier zeichnen Sie bitte ein KaGa dazu:

Ca. 40 verschiedene Ergebnisse kamen durch die Schüler zustande.
Hier sind einige für Sie als Vorlage (Vielen Dank, Frau MEICHSNER):

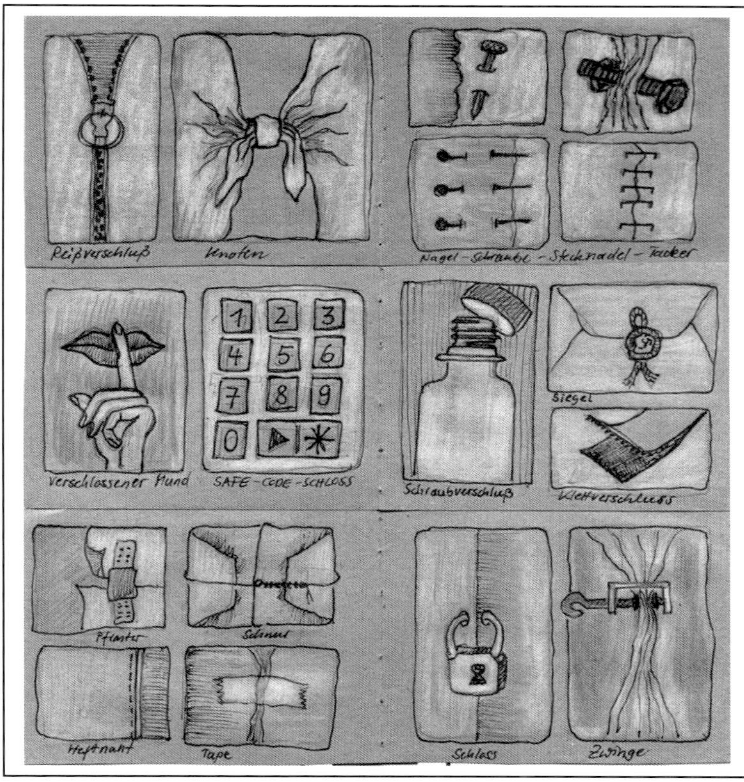

Vor Jahren fragte ich Alexander CHRISTIANI, einen der führenden Experten für Marketing und Motivation in Deutschland, was für ihn die wichtigste Fähigkeit sei, um Ziele im Leben, die man gern realisiert hätte, zu erreichen. Und er antwortete: „Ich glaube, das Wichtigste für das Umsetzen eigener Ziele ist die Fähigkeit zum Visualisieren, zur Anfertigung von inneren Bildern und Filmen."
Viel Spaß beim Zeichnen.

2.5. Was bitte ist „Salpausselkä" oder die Demokratie der Worte

Vor einiger Zeit waren meine Frau und ich zum 50.Geburtstag einer Bekannten eingeladen. In unserem episodischen Gedächtnis waren einige Ereignisse zum Thema „Geburtstagsfeier" abgespeichert – allerdings nicht sehr positiv. Die Grundaussage war eher so: „Wenn Alte feiern über Stunden, ist`s oft mit Langeweil` verbunden!"
So ging es dann los, das Geburtstagsgeschenk und die SEP, die selbsterfüllende Prophezeiung, im Gepäck.

Es begann dann auch alles recht förmlich – ein wenig small talk, ein verlegener Blick auf Kaffee und Kuchen, ein wenig klassische Musik - so richtig kam entspanntes Feiern nicht auf.

Plötzlich kam jemand auf die Idee, „man könne doch Spiele machen...". Den inneren Aufschrei einiger gestandener Erwachsener konnte man glatt sehen. Allerdings waren wir ruckzuck in Kleingruppen eingeteilt und hatten Aufgabenzettel in der Hand. Unser Denk-Hirn war von der Geschwindigkeit dieses Vorgehens so überrascht worden, dass es keine Chance hatte, rational zu erwidern: „Spielchen sind doch was für Kinder!" Unsere spontan zusammengewürfelte Gruppe wollte die Aufgabe ruhig und systematisch angehen – ohne Zeitdruck.

Auf den Zetteln stand:

Was könnten folgende Begriffe bedeuten?
1. Salpausselkä
2. Rigweda
3. Niflheim
Sie haben in der Gruppe 10 Minuten Zeit!

Stress machte sich dann aber doch breit, nachdem nach 3 Minuten noch keiner eine „richtige" Idee hatte. Nachdem wir den Knackpunkt, es RICHTIG machen zu wollen, überwunden hatten, begann der Spaß an der Sache. Aber nicht nur uns, auch den anderen Gruppen bereitete das Spiel sichtliches Vergnügen.

In kurzer Zeit war die steife Unterhaltung am Kaffeetisch einer turbulenten, spannenden und lustigen Kommunikation wildfremder Menschen gewichen. Das muss wohl gehirn-gerecht gewesen sein.

Was sind Ihre Gedanken zu

1. Salpausselkä?

____

____

Einige Ergebnisse von der Geburtstagsfeier bzw. aus Seminaren möchte ich Ihnen nicht vorenthalten:

a) Pausensessel von IKEA in Elchform
b) finnisches Nationalgericht zu Weihnachten: Elchlende in Wodka eingelegt
c) Saal zur Pausenversorgung in den Landeskriminalämtern (LKÄ)

*Und das ist **Salpausselkä**:*

- Name einer Endmoräne in der finnischen Region LAHTI (als Wintersportort bekannt), nach der auch ein Eisstadion benannt wurde

2. Rigweda?

____

____

Auch hier einige Ergebnisse:

a) Rigweda ist ein chinesisches Konkurrenzprodukt zu Vileda-Reinigungstüchern

b) eines der effektivsten Waschmittel – beseitigt nicht nur den Schmutz, sondern gleich die ganze Wäsche (**RIG**oros **WE**g **Da**mit)
c) neue Wischmoppsorte für die Hausfrau im Informationszeitalter

*Und das ist **Rigweda**:*
- Sammlung der ältesten indischen Opferhymnen, in der z. B. die Kuh als heiliges Tier beschrieben ist

3. Niflheim?

____

____

Und das kam bei anderen heraus:
a) Verpuppungsstadium des NIFL-Schmetterlings, umgangssprachlich genannt NIFL-Heim
b) Name eines Waisenhauses für elternlose Nilpferde (Nilpferd-Auffang-Station)
c) Therapiestation für minderjährige Kinder mit Erziehungsproblemen (NIFL steht für NIcht FLügge)

*Und das ist **Niflheim**:*
- sagenumwobene Welt der Eis- und Frostriesen in der germanischen Mythologie

Und hier sind noch einige Begriffe für Sie zum Definieren:
Was verbirgt sich hinter **ONOMATOPÖIE**?

____

____

Was könnte **UMAMI** bedeuten?

____

____

Was wird wohl **MOXIBUSTION** sein?

____

____

Eine wahre Fundgrube für derartige Begriffe ist die TV-Sendung „**Genial daneben**".
Eine Auflistung der Fragen und Antworten finden Sie auf der Internetseite http://www.beepworld.de/members48/genialdaneben

Hier kommt die Auflösung zu den letztgenannten Begriffen:

ONOMATOPÖIE
Lautmalerei; Nachbildung eines Klanges mit sprachlichen Mitteln

UMAMI
ist die 5. Geschmacksrichtung neben süß, sauer, bitter und salzig. Das Wort „umami" kommt aus dem Japanischen und heißt fleischig, herzhaft und wohlschmeckend.

MOXIBUSTION
zur traditionellen chinesischen Medizin (TCM) gehörende, alternativmedizinische Behandlungsform, die dieselben Behandlungspunkte wählt wie die Akupunktur; der besondere Effekt entsteht durch das Abbrennen von Kräutern über den Akupunkturpunkten

Übrigens war am 7. März 2008 in der TV-Sendung „Wer wird Millionär" mit Günter JAUCH die 500.000€-Frage „Was ist UMAMI?" Wenn Sie da auf dem Stuhl gesessen hätten...

3. Metaphern, Stories, Emotionen

3.1. Das Metaphern-Drama

Irgendwann zum Anfang des Jahres 2004 rief vfb bei mir an und wollte mit mir eine „Sitzung" als Versuchskaninchen zur Vorbereitung der „Karlsfeld-Trilogie 2004" machen. Thematisch ging es um Metaphern, worauf ich bemerkte, dass ich mich damit gut auskenne. Das interessierte die Meisterin des gehirngerechten Arbeitens und so bohrte sie nach.
Ich hatte lange Zeit Seminare mit Teilnehmern aus der Computerbranche durchgeführt und dabei mitbekommen, dass die Erklärungen der IT-Experten so weit von den neuronalen Netzwerken ihrer Kunden entfernt waren, dass diese nur „Bahnhof" verstanden. Es entstand die Idee eines sogenannten DAU-Lexikons.

*Der Begriff DAU wird unter Computerleuten gebraucht und heißt ziemlich arrogant: **d**ümmster **a**nzunehmender **U**ser.*

Wie konnte man nun EDV-Fachbegriffe so erklären, dass jeder sie verstand? Metaphern schienen dafür ausgezeichnet geeignet zu sein. Bei unserem Telefonat stellte ich Frau BIRKENBIHL stolz einige vor:

Bridge: Eine Bridge (deutsch „Brücke") verbindet im Computernetz zwei Segmente auf der Ebene der Schicht 2 (Sicherungsschicht) des OSI-Modells. (Häää???)
Metapher: Golden Gate Bridge in San Francisco

Wurm: Ein Computervirus, das sich „automatisch" durch ein Netzwerk „frisst" und dabei meist vervielfältigt
Metapher: Kettenbrief

Gateway: Ein elektronisches Gerät, das den Zugang eines Computers in ein Wide Area Network steuert
Metapher: Zugbrücke in einer Ritterburg

Spätestens an der Stelle (ich glaube, es war schon früher) unterbrach mich vfb und machte mir schnell deutlich, wie weit „meine" Metaphern von geeigneten Sprachbildern entfernt sind. Und im Übrigen meinte sie, wieso ich denn Begriffe, die bereits Metaphern enthalten, durch weitere Metaphern verstümmele. In der Tat beschreibt der englische Begriff des Gateways viel besser als die Zugbrücke, was gemeint ist.
Naja, ... das war ja dann wohl nichts.
Offensichtlich habe ich wohl meine Metaphern-Fähigkeiten stark überschätzt.
Die Kritik wurmte mich außerordentlich und forderte meinen Wettkampfgeist heraus. Schon bald sollte das Thema Metaphern auf einer Fahrt eine große Rolle spielen.

3.1.1. Die Jagd auf der A9

Am 31. März 2004 gegen 10 Uhr ging es los. Mit uns (meinen Zwillingstöchtern und mir) brachen weitere 11 mit dem BIRKENBIHL-Virus-Infizierte in Richtung Bayern auf.

In den vergangenen Jahren ist Vera F. BIRKENBIHL in die Seminarsaison eines Jahres mit der sogenannten „Karlsfeld-Trilogie" eingestiegen. Dabei hielt sie an drei aufeinanderfolgenden Tagen (Montag, Dienstag, Mittwoch) zu drei verschiedenen Themen Vorträge.
Die Themen entsprangen ihren Forschungen im Winterhalbjahr und boten eine gehirn-gerechte Einführung in die jeweilige Thematik.

Im Jahr 2004 fand am dritten Abend zum ersten Mal der „Lehrertag“ statt. Hier bereitete vfb eine Thematik speziell für Lehrer auf.
Das nahmen wir zum Anlass, mit Gleichgesinnten die Reise nach Karlsfeld (in der Nähe von München) anzutreten.
Da eine ca. fünfstündige Fahrt recht eintönig sein kann, machte ich mir Gedanken zu einer SINN-vollen und GEIST-reichen Beschäftigung. Da das Thema Metaphern sowieso auf dem Plan stand, konnten wir das auch gleich auf der Fahrt thematisieren: Wir sammeln in ABC-Listen möglichst viele Metaphern.

Da wir mit 2 Fahrzeugen unterwegs waren (ein PKW mit 5 Personen und ein Kleinbus für 9 Personen), sahen wir die Aufgabenstellung auch gleich als Wettstreit an: Mannschaft PKW gegen Mannschaft Kleinbus.

Doch nicht alle Mitreisenden waren von der Idee der Metaphernsuche begeistert. Das BIRKENBIHL-Virus hatte sich offensichtlich noch nicht bei allen so stark ausgebreitet.
Man könne doch quatschen oder die Umgebung beobachten. Wieso denn Metaphern suchen? Was soll das denn? Sind wir hier in der Schule?
Schließlich willigten doch alle ein.
So begannen wir die Fahrt und das Ausfüllen der ABC-Listen. Nach anfänglichem zähen Suchen („Mir fällt gar keine ein!“ ... „Mir auch nicht!“) kam nach etwa 13 Minuten der Metaphern-Fluss in Gang.

Amtsschimmel ... Erbsenzähler ... Orgelpfeifen ...
Tussi-Toaster ... Zungenbrecher
Jetzt machte es Spaß.
Nach etwa einer halben Stunde hatten wir (ich saß im Kleinbus) 169 Metaphern zusammen. Unmittelbar darauf folgte der Griff zum Handy, um die PKW-Gruppe mit unserer Liste zu brüskieren.
„So ... wir haben 169. Und wie viel habt ihr?“

Die Nachfrage vom PKW: "Wiiiiieeeeeviiiieeeel habt ihr?" deutete bereits die tiefe Resignation der anderen Gruppe an. Mit 78 Metaphern waren sie deutlich abgeschlagen. Ein Hochgefühl beschlich uns, aber auch ein wenig Mitleid. Inzwischen diskutierte zumindest bei uns keiner mehr über den Sinn eines solchen Spieles während der Fahrt. Im Gegenteil, der Virus hatte sich gefestigt.
Nach ein wenig small talk, wie z. B. „Wie ist denn das Wetter da vorn?" oder „Nicht viel Verkehr heute, was?" oder „Wird sicher spannend heute Abend...", legten beide Seiten auf.
Mit einem „Ha!!!!" verliehen wir unserer geistigen Überlegenheit Ausdruck. Das spornte uns natürlich an. Die nächste Stunde verging wie im Fluge. Wir suchten, erklärten und konstruierten Metaphern. Spaß ohne Ende, bis ...
... bis das Telefon wieder klingelte.

„So jetzt haben wir 293 Metaphern, wie findet ihr das?", gingen wir sofort in die Offensive.
„Wow, da habt ihr ja in der letzten Stunde ganz schön gearbeitet!", kam als Reaktion. Irgendetwas störte uns an der Stimme.
„Ja, 293 Metaphern – habt ihr auch ein paar schöne dazubekommen?", wollten wir wissen.
Die Antwort kam postwendend. „Na klar doch ... wartet mal ... 364, 365 ... 398 ... „
Es waren 427!
(Die vollständige Liste befindet sich auf meiner Internetseite www.bauchhirn.de.)

Was war passiert? Hatten sie vielleicht mit unlauteren Mitteln gearbeitet? Telefon-Joker, Experten-Joker oder so? Nein, nach ihren Aussagen nicht!
Spannend für uns alle war in jedem Fall die Einsicht, wie sehr man sich in eine Aufgabe vertiefen kann, die möglicherweise am Anfang nicht gerade sehr erbaulich erschien. Kommt Motivation vielleicht durch Eintauchen

in die Aufgabe zustande? Oder ist es eher das Gruppenerlebnis? Wahrscheinlich wohl eine Kombination von mehreren Faktoren.

In meiner eigenen Erfahrung habe ich mehrfach feststellen können, dass der Beginn meist schwierig ist. Wenn man dann aber dabei ist, dann „flutscht" es plötzlich. Grundbedingung ist, dass man nicht ausgebremst wird. Und ein derartiges „Ausbremsen" passiert sehr leicht durch Kritik. BIRKENBIHL hat das so formuliert: „Im unteren Bereich des Lernberges (dem Einsteigerbereich) darf NICHT kritisiert werden. Dort ist Kritik kontraproduktiv!" Erinnern Sie sich? Wir hatten dies bereits im Kapitel 1.6. erwähnt.

Der Abend war für die meisten von uns ein Erlebnis, das sie nachhaltig beeinflussen sollte. Einer der erfolgreichsten Referentinnen in Europa leibhaftig gegenüberzustehen und ihre Vortragsart zu genießen, das hatte schon etwas Besonderes. Diese Frau, die mit einer Größe von 1,53m im gewöhnungsbedürftigen Outfit die Bühne fest im Griff hat, die faszinierend erzählt und quasi nebenbei Tonnen von Wissen vermittelt, hat eindeutig viralen Charakter. Die Ansteckungsgefahr ist außerordentlich hoch.
Die Nacht begann an diesem Tag sehr spät...

Am nächsten Tag besuchten wir die Augsburger Puppenkiste, deren Produktionen mit „Urmel aus dem Eis", „Kater Mikesch" und „Jim Knopf" schon in der DDR Kultstatus genossen. Allerdings verfolgten uns auf Schritt und Tritt ... richtig: die Metaphern. Durch die intensive Beschäftigung war unsere Wahrnehmung dermaßen geschärft, dass wir in vielen Sätzen (auch bei unserer Puppenkisten-Führerin) metaphorische Begriffe entdeckten.
Seit dieser Reise hat mich das Thema Metaphern nicht mehr losgelassen. Inzwischen ist es fester Bestandteil

aller Vorträge und Seminare geworden. Gerade aufgrund ihrer sprachlichen Bedeutung sind Metaphern ein MUSS für Lehrer, Trainer und Coaches (und Politiker, wie wir gleich sehen werden).

Was so ein Virus alles bewirken kann...

3.1.2. „Sind Sie BALLACK?"

... ist Bundeskanzlerin Angela MERKEL in einem Interview der „Bild am Sonntag" vom 4. Juni 2006 gefragt worden.
Ihre Antwort darauf: „Wenn man es so nimmt, bin ich BALLACK."
Und schon sitzt sie in der Falle, unsere Kapitänin.
Warum? Wegen der Macht der Metaphern. Das macht ein Gedankengang deutlich, den ich bei www.metaphorik.de unter dem Stichwort „WM2006" entdeckt habe.
Wir können davon ausgehen, dass der fragende Journalist die Fußballmetapher bewusst angebracht hat.
Nach der Merkelantwort könnte man jetzt weiterdenken:
- Wenn MERKEL BALLACK ist, wer ist dann KLINSMANN, oder jetzt, im Jahr 2010, LÖW?
- Ist vielleicht die Formschwäche der Regierung auf Wadenmuskelverhärtungen zurückzuführen?

Die Westfalenpost fragt sich am 6. Juni 2006 dazu, ob der damalige Finanzminister STEINBRÜCK im Tor steht, „um alles abzuwehren, insbesondere Fehlschüsse aus den eigenen Reihen". Und weiter spekuliert sie, dass MÜNTEFERING vor der Viererkette als Sechser schnörkellos abräumt und das Spiel über halblinks forciert.
Metaphern in Verbindung mit Fragen sind eine ausgezeichnete Möglichkeit, Denkrichtungen im Kopf des Lesers zu öffnen, mitunter auch, um Politik zu machen.

Die Umkehrung funktioniert übrigens auch sehr gut: Sie nehmen einen Fakt, der im Kopf des Empfängers metaphorisch wirkt. So hatte der „Express" (Bonn, 20. März 1997) eine Schlagzeile betitelt mit: „Im Kanzleramt gingen die Lichter aus", was tatsächlich stimmte. Wer denkt da wohl schon in eine andere Richtung?

BIRKENBIHL machte in einem Vortrag auf den metaphorischen Stil des Autors Roberto SAVIANO in seinem Buch „Gomorrha" aufmerksam. So heißt es am Ende des vorletzten Kapitels:

> *„Der Müll hat den Bauch Süditaliens aufgebläht, geweitet wie den Bauch einer Schwangeren, in dem sich nie ein Fötus entwickeln wird, sondern nur Geld, ausgestoßen als Fehlgeburt, damit der Schoß gleich wieder fruchtbar, die Leibesfrucht erneut ausgestoßen und der Schoß abermals fruchtbar wird, wieder und wieder, so lange, bis der Körper verbraucht, die Blutgefäße verkalkt, die Bronchien verstopft, die Nervenverbindungen zerstört sind. Weiter und immer weiter."*

SAVIANO beschreibt in seinem Buch Strukturen und Organisationsformen des Geschäftes mit dem Müll, das fest im Griff der Camorra ist. Ein Buch, das Ihnen „den Atem nimmt".
Was für eine Sprache...

Nach Neil POSTMAN sind Metaphern „Wahrnehmungs-Organe", die auf einen oder mehrere Aspekte der betreffenden Sache gerichtet sind. Sie beleuchten wie ein Scheinwerfer die Stellen, die für uns wichtig sind. Damit ist klar, dass man immer auf die Suche nach weiteren Metaphern gehen kann. Diejenigen, die ihren Umgang mit diesem spannenden Thema praktisch vertiefen wollen, sei das Metaphern-Spiel von Vera F. BIRKENBIHL ans Herz gelegt. Sie hat es im Buch „Mehr intelligente Kopfspiele" publiziert.

Eine gute Einstiegsübung in das Thema ist die Erstellung von ABC-Listen zu Metaphern. Nehmen Sie zum Beispiel

a) **Musikmetaphern** wie: „Auftakt", „Missklang", dieselbe „Leier", ins „Horn" stoßen, keine „Opern" erzählen, „Orgelpfeifen" ... oder
b) **Bekleidungsmetaphern** wie: „entlangstiefeln", „umgarnen", auf den „Hosenboden" setzen, „am seidenen Faden" hängen ... oder
c) **Körpermetaphern** wie: „hochnäsig" sein, den „Mund" zu voll nehmen, jemandem auf den „Fuß" treten, „herzerfrischend" sein, etwas geht an die „Nieren".

In Übungen gebe ich den folgenden Lückentext aus, bei dem metaphorisch zu ergänzen ist. Probieren Sie selbst:

Hallo Jürgen,

so langsam geht mir ____________ auf. Ich habe den Eindruck, ich bin für Dich der ______________. Das geht mir über die ________________ und ich habe beschlossen, Dir endlich mal ____________ zu zeigen. Ich kann Dir versichern, dass die Sache ein ______________ haben wird. Wenn Du meinst, alles _______ nach Deiner _____________, hast Du Dich ______________. In Zukunft solltest Du Dich _______ ______________!

Katrin

Eine mögliche Auflösung:

ein Licht; Sündenbock; Hutschnur; die Zähne; Nachspiel; tanzt; Pfeife; geschnitten; warm anziehen

Achtung: *Der Umgang mit Metaphern kann süchtig machen!*

3.2. Story-Power

Die BILD-Zeitung, die nicht das beste Image unter den deutschen Zeitungen hat, ist trotz jahrelangen Rückgangs der Auflagen immer noch eine der auflagenstärksten Tageszeitungen bei uns. Arbeitet sie etwa gehirn-gerecht?
Das kann man durchaus so sagen. Durch die Kombination von Bildern, Metaphern und emotional wirksamen Stories regt sie Gehirne an.
Speziell den Stories sagt man nach, Potenzial zur Veränderung von Menschen zu haben. Gute Stories sprechen die Emotionen an, geben Beispiele für unser Abstraktionssystem und wirken oft nachhaltig.
Sehr gute Stories für verschiedene Lebensbereiche finden Sie im BIRKENBIHL-Buch „Story-Power".

Eine der Geschichten, die ich dauerhaft gespeichert habe, hörte ich vor etwa 10 Jahren auf einem Seminar und fand Sie durch den Tipp eines Verlegers in Walter SCHÖNERTs ausgezeichnetem Buch „Werbung, die ankommt".

3.2.1. Der Werbetexter und der Blinde

„Es war an einem schönen Frühlingstag in New York. Der Central Park war prächtig anzuschauen. Die ersten Tulpen öffneten ihre Kelche, Tausende von Maiglöckchen übersäten den frischgrünen Rasen, der Goldregen leuchtete. Direkt gegenüber dem Park, an der Ecke zur 72. Straße stand ein Blinder und bettelte. Vor ihm lag eine Mütze. Es waren nur wenige Cents darin. Der Blinde hatte ein Schild in der Hand. Ein guter Freund hatte ihm darauf geschrieben: „Helft dem Blinden!" Ein Werbetexter kam vorbei, auf dem Weg zu seiner Agentur. Er sah den Blinden, sah das Schild, blieb einen Moment stehen und bat dann den Blinden, ihm doch mal das Schild zu geben. Er drehte es um und schrieb auf die Rückseite einen anderen Text, den der Blinde jetzt nach vorn hielt. Als der Texter am Nachmittag wieder an dem Blinden vorbeikommt, erzählt ihm dieser voller Dankbarkeit, dass er noch nie so viele Münzen in seiner Mütze gehabt hätte, sogar Dollarnoten wären dabei gewesen. Und nun möchte er doch unbedingt einmal wissen, was jetzt auf seinem Schild stünde. Es war dieses: ‚Es ist Mai – und ich bin blind.' "

Immer, wenn ich diese Geschichte in Seminaren erzähle, bekomme nicht nur ich eine Gänsehaut. Das ist die Wirkung von guten Stories.

3.2.2. Warum Affen Bananen nicht mögen

HAMEL und PRAHALAD haben in ihrem lesenswerten Buch „Wettlauf um die Zukunft" eine Story beschrieben, die mich stark beeindruckt hat.

Lesen Sie selbst meine (paraphrasierte) Version:
Für vier Affen wurde ein Käfig vorbereitet, selbstverständlich „affengerecht" gestaltet. In der Mitte des Käfigs war ein Baumstamm untergebracht, der bis zur Decke reichte. Am oberen Ende des Baumstamms waren reife Bananen befestigt – eine Leckerei für Affen. Allerdings hatte man neben der Bananenstaude einen Duschkopf installiert, aus dem eiskaltes Wasser kam, wenn einer der Affen die Bananen holen wollte. Nun setzte man die vier Affen in den Käfig. Sofort sprang einer der Affen – er hatte als erster die Bananen entdeckt – auf den Baumstamm zu, um sich die Köstlichkeit zu holen. Als er gerade die Hälfte des Stammes erklommen hatte, begann die Dusche, Wasser zu spucken. Unter Gezeter ließ der Affe von den Bananen ab. Der zweite versuchte es ebenfalls und hatte das gleiche eisige Erlebnis. Entsprechend erging

es dem dritten und vierten. Die Affen lernten sehr schnell, dass ihr Appetit auf Bananen (die übrigens täglich erneuert wurden) sehr unangenehme Folgen hatte.
Nun stellte man den Duschkopf ab. Nach ein paar Tagen tauschte man einen der Affen gegen einen neuen aus. Als der neue sofort in Richtung Baumstamm stürzte, rissen ihn die anderen zurück. Er hatte keine Chance, sich die Bananen zu holen. Im Laufe der nächsten Wochen tauschte man schrittweise die anderen „alten" Affen gegen neue aus. Die neue Generation von Affen, die nie Bekanntschaft mit dem Duschkopf gemacht hat, versuchte niemals wieder, die Bananen zu erlangen.

Interessant, nicht wahr? Und nun denken Sie mal nach: Welche Duschköpfe sind in Ihrem Umfeld installiert? Gemeint sind damit Regeln, Vorgehensweisen und Routinen, die seit langem keiner mehr hinterfragt hat und die möglicherweise längst überholt sind.

An der Stelle sollten wir es mit Alexander von HUMBOLDT halten:
„Kühner als das Unbekannte zu erforschen, kann es sein, das Bekannte zu bezweifeln."

3.2.3. Die wilden Kerle

Im Februar 2007 erschien in der Wandzeitung der Birkenbihl`schen Internetseite unter der Schlagzeile „Schreibend lesen lernen" ein spannender Bericht einer Mutter, die sich offensichtlich auch mit dem BIRKENBIHL - Virus infiziert hatte. Frau NEUBERT, so ihr Name, hatte sich in Vorbereitung des siebten Geburtstages ihres Sohnes Marvin überlegt, wie man den Geburtstag mal etwas anders, jungengemäßer feiern kann. Konnte man

hier vielleicht sogar Spielen und Lernen nach BIRKEN-BIHL verbinden?
Jungen wollen Action. Nun gut, sollen sie haben. Aber sie sollen auch etwas lernen – sozusagen „bei-läufig".

Über einige Tage des Nachdenkens entfaltete sich die folgende Spielidee, die Frau NEUBERT dann umsetzte.

1. Es wurden gelbe Klebezettel (Post-it-Notes) vorbereitet und im Haus verteilt (bei den NEUBERTs waren es 400!). Die Klebezettel waren mit Informationen versehen, die zu verschiedenen Kategorien passten. Die Kategorien sind dem bekannten Stadt-Land-Fluss-Spiel entnommen.
2. An einem zentralen Punkt (NEUBERT`scher Hausflur) wurde eine große Tabelle mit eben diesen Kategorien an der Wand befestigt. Seit langem befindet sich dort bereits eine Weltkarte, die für das Spiel gleich mit genutzt wurde.
3. Die Teilnehmer des Geburtstages, unsere „wilden" Kerle, sollten durchs Haus stürmen, die Zettel finden und im Flur richtig zuordnen. Für jeden gefundenen Zettel bekam man einen Punkt und für jede richtige Zuordnung einen weiteren. Frau NEUBERT fungierte dabei als Schiedsrichter.
4. Eine besondere Spalte wurde in der Tabelle zusätzlich angelegt. Sie bekam ein Fragezeichen und dorthin wurden die Zettel geklebt, die nicht genau zugeordnet werden konnten.

Das Spiel wurde gestartet, die wilde Horde enterte das Haus. In Nullkommanix war der erste mit einem Zettel da und klebte ihn ein, um sofort wieder treppauf den nächsten zu suchen. Dramatische Szenen spielten sich ab. Jeder wollte die meisten Zettel einkleben. Nebenbei achteten sie darauf, dass Frau NEUBERT auch ja die Punkte richtig eintrug. Zwischendurch war einer der Jungen auf die Idee gekommen, zuerst mehrere Zettel zu suchen und diese dann auf einmal einzukleben.

Andere flitzten einfach lieber hin und her. Als auch der letzte Zettel seinen Platz gefunden hatte, trafen sich alle vor der Tabelle und verglichen ihre Punktzahl. Danach wurde über die Spalte mit dem Fragezeichen gesprochen. Die meisten der dort eingeklebten Zettel konnten in gemeinsamer Arbeit und mit Hilfe von Nachschlagewerken bzw. des Internets zugeordnet werden. Die vorher in Aussicht gestellte Belohnung für den Sieger war auf einmal kein Thema mehr.

Zitat von Frau NEUBERT: „Nach Preisen hat nach dem Spiel keiner mehr gefragt. Toll wars halt einfach. Ich war zuerst sehr skeptisch, ob das überhaupt funktionieren würde. Und es hat phantastisch funktioniert."

Die Jungen kamen voll auf ihre Kosten, weil sie
- sich bewegen durften
- mit Feuereifer gelesen haben (ohne es zu müssen)
- Entscheidungen treffen durften
- die Zuordnungen zu den Kategorien vornehmen konnten, ohne dass gleich jemand „falsch!" rief

und weil bei ihnen echtes Interesse an Informationen geweckt worden ist.
Übrigens hat dieses Spiel von den „wilden" Kerlen die Bewertung „Super" erhalten. Vielen Dank Frau NEUBERT, eine tolle Idee zum Nachahmen.

Ich habe dieses Beispiel in verschiedenen Seminaren weitergegeben. Einige Teilnehmer haben zurückgemeldet, dass sie es ausprobiert haben und dass es spitzenmäßig lief. Zwei Lehrerinnen haben diese Idee auf die Schule übertragen. Eine achte Klasse hat so zum Beispiel die Klebezettel für eine Parallelklasse erstellt und umgekehrt. Dieses Spiel ist eine sehr schöne Variante für gehirn-gerechtes Lernen.
Die Aussage einer Lehrerin in einer Fortbildung hat mich dann allerdings doch sehr schockiert. Sie meinte, nachdem ich das NEUBERT`sche Spiel vorgestellt hatte: „Aber die Kinder sollen doch nicht auch noch zur

Geburtstagsfeier Schule machen, die sollen doch spielen.“ ... kein Kommentar!

3.2.4. Probieren geht über Studieren

Wir sind im Jahr 1991. Die neue Wohnung war toll (zumindest aus meiner männlichen Sicht). Ich hatte alle mehr oder weniger dazu überredet, von der großen Stadt ins kleine Dorf an den Wald zu ziehen – einfach idyllisch.

Dort hatte ich endlich ein eigenes Arbeitszimmer – klein, aber mein... mit Computer natürlich. Das hört sich heute selbstverständlich an, war allerdings Anfang der 1990er Jahre keineswegs so!
Papas Stolz (der Computer) konnte für die damalige Zeit viel. Das Wunderwerk moderner Technik hatte einen INTEL80286-Prozessor und 1 Megabyte Hauptspeicher. WOW werden Sie jetzt sagen – so wenig war mal viel???
Allerdings hat nur eines unserer Familienmitglieder diese Krone menschlichen Geistes zu würdigen gewusst – unsere jüngste Tochter Katrin. Und so kam es, dass sie eines Tages fragte: „Papa, darf ich auch mal an Deinen Computer?“
Tiefe Befriedigung machte sich breit – klang doch in ihrer Stimme eine unüberhörbare Hochachtung mit. Selbstverständlich durfte sie. Und auf das „Und wenn sie nun eine falsche Taste drückt?“ meiner Frau, erwiderte ich beschwichtigend: „Da kann sie nichts kaputt machen! Sie muss die Welt selbst entdecken! Lass sie nur!“
Gesagt, getan. Nur so würde ich später meinen Freunden erzählen können, wie mein Kind die digitale Welt erobert hat.
Und mein Kind eroberte ... völlig ohne Angst ging sie an das Gerät und probierte ...

Ja – ich hatte später tatsächlich etwas zu erzählen. Allerdings war die Story anders, als ich es angenommen hatte. Sie ging etwa so:

... Kind geht erstmals an Computer
... probiert so 2-3 Knöpfe und Schalter aus
... gelangt zufällig an den Schalter zur Spannungsumstellung von deutschen 220V auf amerikanische 110V
... legt ebenso völlig ohne Angst diesen Schalter auf 110V um
... Computer fängt an zu rauchen
... Kind fragt: „Papa, da kommt Rauch raus, muss das so sein?"
... Computer kaputt
... Papa in tiefer Trauer – hmmmm...

Ich versuchte mir klar zu machen, dass der menschliche Entdeckergeist immer wieder mit Rückschlägen zu kämpfen hatte und sagte mir (die Tränen nur mühsam zurückhaltend): „Dieter – es wird irgendwie weitergehen!"

An dieser Stelle beginnen Eltern immer wieder an der Richtigkeit des Prinzips „Probieren ohne Angst" zu zweifeln. Ist ja auch ganz klar! Denn nun ziehen die verbündeten Truppen des Reptiliengehirns und limbischen Systems emotional aufgeputscht in den Krieg. Adrenalin pur!

Die Kriegsstrategie ist dabei immer dieselbe:

1. Schuldigen suchen
2. verbal niedermetzeln
3. Abschluss mit Universalquantifikatoren wie „Nie wieder darfst Du..." oder „Immer geht bei Dir alles schief!"

Das mag durchaus natürlich bzw. typisch deutsch sein, bringt allerdings jegliche Lernprozesse zum Erliegen. Damals war ich noch richtig sauer und habe wohl gegenüber meiner Tochter recht unbeherrscht reagiert. Heute weiß ich, dass ein „Heruntermachen" sogar dazu führen kann, dass sich Kinder überhaupt nicht mehr trauen, etwas auszuprobieren. Und das ist tragisch für deren Entwicklung.

Die Geschichte ist nun schon 18 Jahre her und unsere Tochter hat die Nachwehen des Schocks recht gut weggesteckt. Sie arbeitet in einer Firma, in der sie täglich mit Computern umgehen muss und macht ihre Sache dort sehr gut ... Glück gehabt!

4. Mit Wissen spielen – Die WQS-Technik

Eine der komplexeren BIRKENBIHL-Methoden hat mich von Anfang an fasziniert:
Der Einstieg in ein Thema über ein WQS – ein Wissens-Quiz-Spiel.
In den Lehrerfortbildungen, die meine Töchter Daniela und Jeannette mit ihrer Firma TWINevents organisieren, gebe ich Anregungen und Ideen zu verschiedenen Gebieten weiter.
Dazu gehören solche Themen wie
- gehirn-gerecht lernen nach BIRKENBIHL
- Intelligenz und Kreativität bei Schülern (und Lehrern) entwickeln
- Motivation, Verhalten, Persönlichkeit
- Anti-Stress-Strategien
- Lernunterschiede bei Jungen und Mädchen.

Bei all diesen Themen „schwingen" BIRKENBIHL`sche Ideen mit und ausnahmslos alle Themen werden mit einem WQS begonnen. Die Erfahrungen damit sind sehr gut. Die Zuhörer werden sofort einbezogen und denken aktiv mit. Damit wird die Basis für eine Aufnahme des Wissens gelegt und darauf kommt es mir an.

Interessant ist allerdings auch, wie wenig Teilnehmer bei der Ankündigung „Vortrag" nichts zum Schreiben dabei haben. Schreiben aktiviert ganz andere Nervenbahnen als das reine Zuhören. Und nur durch Zuhören können Sie sich nicht sehr viel merken. Stattdessen sollten Sie mitschreiben – speziell eigene Gedanken, die (hoffentlich) durch den Vortragenden angerissen werden.

Der Einstieg über ein WQS gewinnt deutlich an Qualität über die Art der Fragen bzw. Aufgaben. Diese sollten aufhorchen lassen und schon bei der Frage- bzw. Aufgabenstellung mit einem AHA! verbunden sein. Bisoziative Gedanken sind hier sehr förderlich.

Bei den folgenden Beispielen möchte ich Ihnen einige meiner WQS-Fragen und –Aufgaben vorstellen.

4.1. Die Stradivari und Ihr Bauchnabel

Was haben eine Stradivari und Ihr Bauchnabel gemeinsam?

Da fällt mir Folgendes ein: ______________________

____

____

Na, haben Sie einige Gemeinsamkeiten gefunden? Oder haben Sie sich zunächst gefragt, was denn die Frage überhaupt soll. Normalerweise verbindet man eine Geige und den Bauchnabel nicht miteinander. Macht man es doch, hat man eine bisoziative Verbindung.

Vielleicht sind Sie allerdings auch mathematisch beschlagen und Sie wissen sofort, worum es geht. Dann – herzlichen Glückwunsch!
Das verbindende Element, auf das ich hinweisen möchte, ist der Goldene Schnitt.
Alle Geigen von Antonio STRADIVARI und auch Ihr Bauchnabel haben mit dem Goldenen Schnitt zu tun. Dieser stellt ein besonderes in der Natur oft vorkommendes Zahlenverhältnis dar.

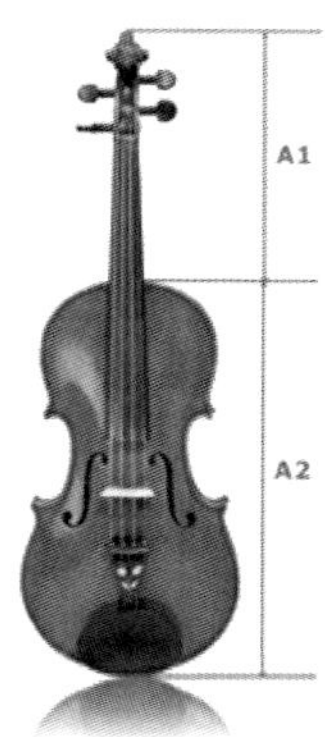

Die in der Geige rechts im Bild vermerkten Abstände A1 und A2 stehen im Verhältnis des Goldenen Schnittes.

Hier gilt:
A2 geteilt durch A1 ergibt etwa 1,618. Es gilt sogar noch mehr: A1+A2 geteilt durch A2 ergibt auch etwa 1,618.

Und nun messen Sie bitte einmal Ihre Größe und danach den Abstand Ihres Bauchnabels von der Erde (bitte ganz gerade stehen dabei, am besten mit Hilfe). Dann teilen Sie Ihre Größe durch den Bauchnabelabstand. Die Zahl, die sie erhalten, liegt bei den meisten Menschen, und zwar kulturübergreifend, bei ca. 1,6. Auch in Bildern großer Maler, in vielen historischen Gebäuden, im menschlichen Gesicht und in der Pflanzenwelt lässt sich dieses Verhältnis oft finden. In der sogenannten Phyllotaxis, der Blattstandsanalyse, untersucht man beispielsweise, wie Pflanzen ihre Blätter anordnen, um möglichst viel Licht für die Photosynthese zu ergattern. Basis dafür ist der Goldene Schnitt.

Sie sehen schon: Über die bisoziative Einstiegsfrage („Hä...?") und eine Aufgabe (Größe messen) werden Sie „aufgeschlossen" für die Mathematik des Goldenen Schnittes, die nun folgen könnte...

Die Fragestellung „Was haben ... und ... gemeinsam" ist übrigens in fast allen meiner WQSe enthalten.

Hier drei weitere Beispiele:
1. Was haben Lehrer und SUMO-Ringer gemeinsam?
2. Was haben ein „Schleimpilze fressender Schwammkugelkäfer" und Ex-US-Präsident BUSH gemeinsam?
3. Was haben die Anti-Drogen-Kampagnen des LAPD (Los Angeles Police Departement) mit der Vertreibung der Mongolen aus China im 14. Jahrhundert zu tun?

(Die Auflösung finden Sie unter www.bauchhirn.de)

4.2. Was der Mann einer Frau nicht vorenthalten darf

Dieses WQS habe ich vor einigen Jahren erstellt, als ich mich das erste Mal für das darin behandelte Thema interessiert habe. Selbiges nennen wir an dieser Stelle noch nicht. Lassen Sie bitte die Fragen und Aufgaben wirken – eine gute Gelegenheit mitzumachen. Und vielleicht „schwant" Ihnen ja während des Nachdenkens etwas...

1. Ergänzen Sie folgende Aussagen (Zitate):
   a) Die beste Methode, das Leben angenehm zu verbringen, ist,

      ________ ______________ ___ ______________.
      (Jonathan SWIFT)

   b) ____________ muss heiß wie die Hölle, schwarz wie der Teufel, rein wie ein Engel und süß wie die Liebe sein. (Charles Maurice de TALLEYRAND)

   c) _____________ ist eine Zicke. Er verzeiht keinen einzigen Fehler. (Thomas LEEB)

2. Was haben äthiopische Mönche und Ziegen gemeinsam?

   Antwort: ____________________________________

3. Was könnte das sein?
   Zitat: „..., was der Mann einer Frau NICHT vorenthalten darf." (Jean de THEVENOT)

   Antwort: ___________________

4. Was, glauben Sie, ist ein Palmenroller?

Antwort : ______________________________

5. Die Finnen sind „Bildungs-Weltmeister“ (nach PISA). Aber auch im Verbrauch eines speziellen Nahrungsmittels sind die Finnen Weltmeister.
   Was könnte gemeint sein?

   Antwort: ______________________________

6. Mit einem Besuch bei McDonalds wurde die 79-jährige Amerikanerin Stella LIEBECK weltberühmt – warum wohl?

   Antwort: ______________________________

Na, haben Sie schon eine Idee, worum es geht? Alle Fragen bzw. Aufgaben haben einen gemeinsamen Nenner.
Hier ist er: KAFFEE.

Nun gehen wir die WQS-Aufgaben noch einmal durch, diesmal mit der Auflösung.

1. Ergänzen Sie folgende Aussagen (Zitate):
   a) Die beste Methode, das Leben angenehm zu verbringen, ist, ***guten Kaffee zu trinken***.
   (Jonathan SWIFT)

   b) ***Kaffee*** muss heiß wie die Hölle, schwarz wie der Teufel, rein wie ein Engel und süß wie die Liebe sein. (Charles Maurice de TALLEYRAND)

   c) ***Kaffee*** ist eine Zicke. Er verzeiht keinen einzigen Fehler. (Thomas LEEB)

2. Was haben äthiopische Mönche und Ziegen gemeinsam?
   Antwort: Um die Entdeckung des Kaffees ranken sich viele Legenden. Eine der bekanntesten davon hat

der syrische Maronitenmönch Faustus Naironus BANESIUS im Jahr 1671 in seinem Traktat über Kaffee niedergeschrieben.

Der Ziegenhirte eines Mönchsklosters im Hochland von Abessinien (Äthiopien, Region Kaffa) beklagte sich bei den Mönchen darüber, dass er den ganzen Tag und die ganze Nacht auf die Ziegen aufpassen musste, ohne genug Schlaf zu bekommen. Die Ziegen schienen nie müde zu werden. Die Mönche machten sich auf den Weg, um dem eigenartigen Verhalten der Tiere auf den Grund zu gehen. So beobachteten sie, wie die Ziegen neben dem „normalen" Futter (Gräser und Blätter) auch die roten Beeren eines grünen Strauches fraßen. Durch deren Genuss schienen sie munterer zu werden.
Die Mönche schnitten einige Zweige des Strauches ab, nahmen sie mit ins Kloster und pressten Saft aus den Früchten. Dieser war allerdings geschmack- und geruchlos. Verärgert warfen die Mönche die Zweige ins Feuer. Doch was war das: Ein eigenartig anregender Duft strömte durch den Raum. Auf der Suche nach der Ursache fanden die Mönche im Feuer dunkelbraune „Kerne", die offensichtlich aus den Zweigen des Strauches stammten.
Sie nahmen einige dieser Kerne heraus, zerkleinerten sie und überbrühten sie mit heißem Wasser.
Die erste Tasse Kaffee stand vor ihnen.

3. Was könnte das sein?
   Zitat: „..., was der Mann einer Frau NICHT vorenthalten darf." (Jean de THEVENOT)

Antwort: Nun, das ist der Kaffee.
Übrigens, der Zitate-Geber Jean de THEVENOT bereiste als Sprachwissenschaftler große Teile Europas, Afrikas und Asiens. Er wird dafür verantwortlich

gemacht, dass die Kaffeebohne in Frankreich populär wurde.

4. Was, glauben Sie, ist ein Palmenroller?

   Antwort: eine indonesische Schleichkatzenart, auch Fleckenmusang bzw. Zibetkatze (in Afrika) genannt. Und eben dieser Palmenroller ist dafür bekannt, den Kopi Luwak, den wohl teuersten Kaffee der Welt, zu „produzieren". Der einem Wiesel ähnelnde Palmenroller genießt bei seinen Streifzügen durch den indonesischen Urwald die besonders reifen Kaffeekirschen. Im Magen-Darm-Trakt wird das rote Fruchtfleisch verdaut, und die in jeder Kirsche vorhandenen zwei Bohnen werden letztendlich wieder ausgeschieden. Dabei werden die künftigen Kaffeebohnen im Darm Fermenten und Enzymen ausgesetzt, die für den besonderen Geschmack sorgen. Dieser Vorgang wird als Nass-Fermentation bezeichnet und gibt dem daraus gebrauten Kaffee seinen unverwechselbaren Geschmack.
   (mehr bei http://www.spiegel.de/wissenschaft/natur/0,1518,310727,00.html)

5. Die Finnen sind „Bildungs-Weltmeister" (nach PISA). Aber auch im Verbrauch eines speziellen Nahrungsmittels sind die Finnen Weltmeister. Was könnte gemeint sein?

   Antwort: Das ist nun klar – der Kaffee.
   So lag zum Beispiel im Jahr 2004 der Pro-Kopf-Verbrauch von Kaffee in Finnland mit ca. 12 kg pro Einwohner etwa doppelt so hoch wie der der Deutschen. Nebenbei bemerkt sind das etwa 9 (!) Tassen Kaffee täglich für jeden finnischen Einwohner.
   Na – dann dürfte doch wohl klar sein: der Bildungserfolg der Finnen liegt nicht am tollen Schulsystem, sondern am Kaffee-Konsum, oder? Vielleicht gibt es

ja in den Schulkantinen keine Cola, sondern nur Kaffee? Macht Kaffee klug?

> *Wir sehen übrigens hier eine wichtige Eigenschaft von Wissens-Quiz-Spielen: sie machen neugierig auf mehr.*

6. Mit einem Besuch bei McDonalds wurde die 79-jährige Amerikanerin Stella LIEBECK weltberühmt – warum wohl?

   Antwort: Ihre Berühmtheit erlangte Stella LIEBECK durch einen Besuch bei McDonalds. Am 27. Februar 1992 wartete sie auf dem Beifahrersitz des Wohnmobils ihres Enkels. Dieser holte für sich und seine Oma Kaffee. Die damals 79-Jährige wollte den Plastik-Deckel vom Kaffeebecher entfernen und vergoss dabei große Mengen des heißen Getränks über Schenkel und Genitalbereich. In einem 8-tägigen Krankenhausaufenthalt wurden die Verbrennungen dritten Grades u. a. mit Hauttransplantationen behandelt. McDonalds wurde verklagt und eine Schadenssumme von 2,9 Mill. Dollar beantragt. Nach www.wikipedia.de bzw. www.justice.org wurden Stella LIEBECK letztendlich 160.000 $ Schmerzensgeld und 480.000 $ Schadenersatz zugesprochen. In der Urteilsbegründung wurde McDonalds vorgeworfen, wissentlich den Kaffee so heiß gebrüht zu haben.

   Übrigens, aus diesem Prozess entstand ein Preis – der „Stella-Award". Dieser nicht ganz ernst gemeinte Preis wird für besonders kuriose, spektakuläre und unangemessene Schadenersatzprozesse überreicht. Mehr dazu bei www.stellaawards.com.

Tja, so spannend kann Kaffee sein.

Seit einigen Jahren findet in Deutschland im September der „Tag des Kaffees“ statt.
Im Jahr 2010 war es der 24. September. (Weitere „außergewöhnliche“ Tage finden Sie übrigens in der Anlage 2.)

Ja, wieso das denn – ein „Tag des Kaffees“?
Ganz einfach: damit ehrt man das beliebteste Getränk der Deutschen. Es steht noch vor Wasser und – man höre und staune – vor Bier.
Ich finde Kaffee inzwischen richtig toll. Das liegt sicher auch daran, dass man ihm inzwischen sogar gesundheitsfördernde Wirkung zuschreibt.
Und ...
Ich habe inzwischen auch den Kopi Luwak probiert und muss sagen: „Naja, ist halt Kaffee, nur teurer.“
Diese Aussage macht deutlich, dass ich auf diesem Gebiet wohl noch im Einsteigerbereich bin.
Ich arbeite daran!

4.3. „Beginne den Tag mit einem Lächeln!“

„... dann hast Du`s hinter Dir!“, ist eine Pointe, mit der der Kabarettist Eckhard von HIRSCHHAUSEN das Publikum zum Lachen anregt. Was passiert dabei? Unsere Gedanken werden in eine Richtung gelenkt, um plötzlich an einem völlig unerwarteten Ende unseres Gedanken-Universums zu enden. Einen derartigen Effekt nennt Arthur KÖSTLER eine Bisoziation.

Bisoziationen lassen aufhorchen, bringen Verwunderung und führen zu einem AHA-Erlebnis. Aus diesem Grund sind sie für Lernprozesse außerordentlich hilfreich. Integriert man sie in Wissens-Quiz-Spiele, werden diese spannend und man ist offen für die Hintergründe zum betreffenden Thema.

Dazu einige Beispiele, die ich bei Vorträgen und Seminaren verwendet habe:

Beispiel 1:
Anlässlich einer Veranstaltung zum Thema Intelligenz hatte ich die Teilnehmer gebeten, die folgenden zwei Aufgaben zu lösen, an denen Sie sich bitte auch versuchen.

1. Sortieren Sie bitte (aus Ihrem Bauchgefühl heraus) die folgenden **USA-Städte** der Größe (Einwohnerzahl) nach:

	Meine Reihenfolge: (die größte zuerst)
a) Boston (Massachusetts)	1. ______________
b) San Antonio (Texas)	2. ______________
c) San Francisco (Kalifornien)	3. ______________
d) Phoenix (Arizona)	4. ______________

2. Sortieren Sie bitte (aus Ihrem Bauchgefühl heraus) die folgenden **Welt-Städte** der Größe (Einwohnerzahl) nach:

	Meine Reihenfolge: (die größte zuerst)
a) New York (USA)	1. ______________
b) Delhi (Indien)	2. ______________
c) Berlin (Deutschland)	3. ______________
d) Shanghai (China)	4. ______________

Wie sicher sind Sie sich beim Raten?
Nach dem Mitmachen meldet sich fast immer der Neuromechanismus „Feedback", der nun gern die Lösung hätte. Es könnte sein, dass Sie bei der ersten

Sortieraufgabe einigermaßen verblüfft sind, wogegen Sie bei der zweiten sicher gut geraten haben.

Hier ist die Auflösung:

Platz 1:	Phoenix (Arizona)	1,601 Mio. EW
Platz 2:	San Antonio (Texas)	1,373 Mio. EW
Platz 3:	San Francisco (Kalifornien)	815.000 EW
Platz 4:	Boston (Massachusetts)	645.000 EW

(Quelle: www.citypopulation.de, Stand 1.7.2009)

Na, hätten Sie das gedacht? Phoenix als Sieger und San Antonio als weitgehend unbekannte Stadt auf dem zweiten Rang schlagen San Francisco und Boston.

Und nun zur zweiten Auflösung:

Platz 1:	Shanghai (China)	16,407 Mio. EW
Platz 2:	Delhi (Indien)	13,850 Mio. EW
Platz 3:	New York (USA)	8,391 Mio. EW
Platz 4:	Berlin (Deutschland)	3,431 Mio. EW

(Quelle: www.citypopulation.de)

Die meisten meiner Teilnehmer haben hier richtig geraten. Warum eigentlich? Jetzt ist der Boden bereitet, um die Hintergründe zu klären. Es geht um unsere „Baucheinschätzung", die umso besser ist, je mehr Wissen wir zu den angesprochenen Themen haben. Im zweiten Beispiel wissen wir, dass die bevölkerungsreichsten Länder der Welt China und Indien sind. Und viele TV-Beiträge zeigen das enorme Wachstum der Städte in dieser Region. Darüber hinaus sind uns New York und Berlin größenmäßig vertraut und damit ist die richtige Reihenfolge kein Problem.
Bei den USA-Städten gehen wir nach der Faustformel vor: Ist die Stadt bekannter, muss sie auch größer sein.

Damit gilt: „San Antonio? ... Nie gehört! ... Kann nicht groß sein."
Und diese „Pauschalannahmen" führen uns oft in die Irre. GIGERENZER beschreibt in seinem Buch „Bauchentscheidungen", wie wichtig Wissen ist, um der Intuition trauen zu können.

Beispiel 2:
In der Mathematik finden sich viele Aufgaben, die den Einstieg in das „Angstfach" der meisten Menschen um einiges spannender und interessanter machten. Im Folgenden geht es um die sogenannte „Äquatoraufgabe".

Nehmen wir zur Vereinfachung an, die Erde sei eine Kugel. Entlang des Äquators legen wir ein Seil, das direkt auf der Erdoberfläche liegt. Damit ist es so lang wie der Äquator (ca. 40.075km). Nun verlängern wir dieses Seil um einen Meter und heben es an einer einzigen Stelle an, und zwar so hoch es geht.

Könnten wir an dieser Stelle ohne Probleme unter dem Seil durchkriechen? Wie hoch ist das Seil über dem Erdboden?

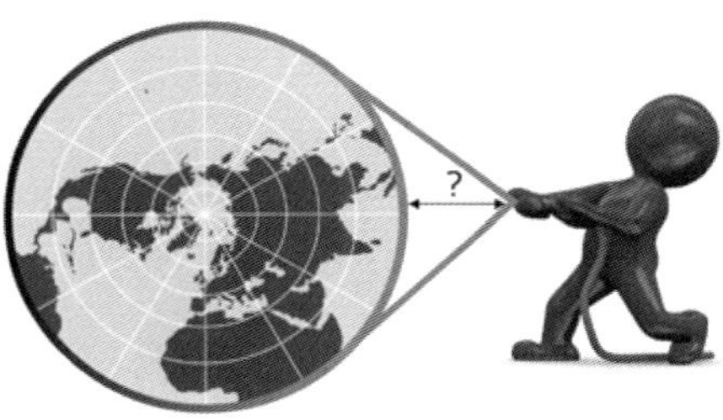

Ihre Schätzung: ____________________

Und nun werden Sie wahrscheinlich platt sein. Wenn Sie lesen, wie hoch man das Seil über die Erdoberfläche heben kann, dann glauben Sie das nicht. Es sind etwa einhunderteinundzwanzig Meter. Ist das verblüffend? Bei nur einem Meter Seilverlängerung? So kann sich unsere Intuition täuschen. Und im Übrigen: die

Größenverhältnisse der Zeichnung oben entsprechen bei weitem nicht den Gegebenheiten der Aufgabe. Der (idealisierte) Durchmesser der Erde beträgt knapp 13.000km. Wenn wir also in dem oberen Bild die Erde mit 13cm Durchmesser zeichnen würden, müsste das Seil nur 0,000121cm über der Erdoberfläche gezeichnet werden. Das ist nicht möglich!

Zum Glück gibt es ja die Mathematik, mit der wir die ca. 121m exakt berechnen können.
Werner BREFELD hat auf seiner interessanten Homepage (http://brefeld.homepage.t-online.de/seil.html) eine ganze Reihe spannender, mathematischer Problemstellungen dargestellt, die Lust auf Mathe machen.

5. Die Sache mit dem Üben

Was können Sie gut, ich meine: richtig gut? Haben Sie schon einmal darüber nachgedacht? Was ist Ihre Kernkompetenz, in der Sie besser sind als die meisten anderen Menschen?
Für viele ist schon die Einschätzung recht problematisch. Machen wir die Probe auf`s Exempel. Schätzen Sie bitte ein, wie gut Sie die folgenden Dinge können. Machen Sie dazu auf den angegebenen Linien ein Kreuz an der Stelle, an der Sie Ihre Kompetenz sehen.

	0%	100%
a) Kopfrechnen		
b) Zeichnen		
c) Singen		
d) Pen Spinning		
e) Kreativität		

Sie haben sicher gemerkt, wie schwer es ist, die genaue Stelle Ihres Könnens absolut zu markieren. Ein Vergleich wäre hilfreich, was uns an den Neuro-Mechanismus „Vergleichen" erinnert. Was ist überhaupt mit Singen oder Zeichnen gemeint? Und vielleicht haben Sie bei Pen Spinning ein Kreuz bei 0% gemacht, weil Sie nicht wussten, was das ist?
(Es ist inzwischen eine Sportart unter Kindern und Jugendlichen geworden und bezeichnet des Jonglieren eines Stiftes in der Hand. Bei Youtube.de finden Sie eine Reihe von Beispielen).

Nebenbei bemerkt: Solange Sie Pen Spinning noch nicht versucht haben, können Sie auch nicht einschätzen, wie gut Sie es können.
BIRKENBIHL hat Einschätzungen, wie Sie sie eben gemacht haben, als SOKRATES-Check bezeichnet. Sie bezieht sich damit auf SOKRATES` Aussage: „Wer weiß, dass er nicht weiß, weiß mehr als der, der nicht weiß, dass er nicht weiß."

Wenn Sie regelmäßig über die weißen Flecken im eigenen Wissens- und Könnens-Netz nachdenken, kommen Sie zu einer viel differenzierteren Wahrnehmung Ihrer Fähigkeiten.

5.1. „Ich habe eben für Mathe kein Talent"

Im Juli 2010 nahm ich an einem Seminar zu Unterrichtsmethoden teil, die munter machen sollen. Daher wurden sie von ihrem Erfinder Harald GROß, mit dem Namen „Munterrichtsmethoden" benannt.

Gleich zu Beginn sollte jeder Teilnehmer auf ein vorbereitetes A4-Blatt vier Aussagen notieren.

1. den Namen
2. das Lieblingsfach in der Schule
3. das Lieblingsessen
4. was man selbst lernen würde, wenn genug Zeit und Geld da wäre.

Drei Aussagen davon sollten wahrheitsgetreu sein und eine davon eine Lüge. Schätzen Sie mal: Wobei wurde am meisten gelogen?

Meine Antwort:
Am meisten gelogen wurde bei folgendem Punkt

____

Na gespannt auf die Auflösung?
Hier ist sie (die betreffenden Begriffe sind rückwärts geschrieben):
Am meisten gelogen wurde beim „Hcafluhcs". Und hierbei lag mit ca. 80% die Lüge „Kitamehtam" als liebstes „Hcafluhcs" vorn. Interessant nicht wahr? Woher kommt diese Abneigung gegen Mathe?

Nun könnten Sie sagen: „Der hat ja leicht reden, der muss ja Mathe sehr gern gemacht haben."
Ja, das stimmt. Es war in der Tat eines meiner Lieblingsfächer. Hatte ich mehr „Mathegene" in die Wiege gelegt bekommen? Sowohl mein Vater als auch meine Mutter haben in rechenintensiven Bereichen gearbeitet – als Buchhalter. Nur gerade mit dem Rechnen habe ich so meine Probleme.

Wie sieht es bei Ihnen aus? Beginnen wir mal mit einer einfachen Aufgabe.

Ein Kapitän transportiert auf seinem Schiff 17 Schafe und 11 Ziegen. Wie alt ist der Kapitän?

Nun, Sie fallen natürlich auf so etwas nicht rein.

Der Fokus- Redakteur Werner SIEFERS beschreibt allerdings in seinem Buch „Das Genie in mir" eine Studie mit Schülern einer dritten Klasse in Deutschland. Dabei wurden den Kindern sogenannte Kapitänsaufgaben gestellt (siehe Kasten). Diese sind nicht lösbar. Das merkte innerhalb der Studie sogar ein Schüler. Alle anderen begannen zu rechnen: 17 Schafe + 11 Ziegen = 28 Jahre alt.
Da sträuben sich einem die Nackenhaare.

Einer Untersuchung zufolge, die mit Kindern aus Armenvierteln aus Brasilien durchgeführt worden ist, fallen deutlich weniger (altersgleiche) Kinder auf diese Falle herein. Außerdem hat man feststellen können, dass Kinder aus (wie wir sagen) bildungsfernen oder bildungsfeindlichen Elternhäusern wesentlich zuverlässiger rechnen können. Sie verkaufen in ihrer Freizeit Früchte auf Märkten und können aufgrund dessen schon frühzeitig mit Geld umgehen. Das gilt allerdings mit einer Einschränkung: Stellt man diesen Kindern

abstrakte Rechenaufgaben ohne Lebensbezug, so sind sie genauso überfordert wie deutsche Kinder.
Woran liegt das? Eine Erklärung liegt nahe: Der Neuromechanismus „Sinn suchen" wird extrem vernachlässigt. Aber wir fragen ja inzwischen auch nicht mehr nach der Verbindung von Schule und Leben. Die Antwort meines Lieblingskabarettisten Volker PISPERS zu dieser Verbindung fällt nicht gerade günstig für die Schule aus.
PISPERS: „Man hat uns doch beigebracht: Nicht für die Schule, für das Leben lernen wir. So haben wir schon früh verinnerlicht: Schule, das ist das ganze Gegenteil von Leben."

Und das ist wohl der Grund für die guten Rechenfertigkeiten der brasilianischen Armen-Kids. Vielleicht kann man ja daraus etwas lernen...

Regelmäßig klagen zum Beispiel Grundschullehrer darüber, dass es extrem schwierig ist, Kindern die Maßeinheiten der Länge und des Volumens und deren Umrechnungen beizubringen. Vielleicht können das die Kids ja auch selbst? Ich denke da an Projekttage, an denen nur eins gemacht wird: Gemessen und Verglichen. Schüler der vierten Klassen stehen an Stationen bereit und sind die „Maß-Coaches" für die Schüler der zweiten. Die Lehrer stehen in der Gegend herum und achten lediglich darauf, dass alles zivilisiert vonstatten geht. So bringen die vierten Klassen den zweiten Klassen Längen- und Volumensysteme ganz praktisch bei und eines können Sie wissen: Das prägt sich besser ein als durch abstraktes Belehren.

Noch ein Beispiel: Rechnen mit Geld
Wie kann man Kinder an eines der wichtigsten Dinge unserer Gesellschaft gewöhnen?
Antwort: Führen Sie kostenpflichtige Dienstleistungen an der Schule ein. So erarbeiten zum Bei-

spiel Schüler der sechsten Klassen Spiele, Aufgaben und Rätselsammlungen sowie Wissensquizze und Ähnliches und bieten diese in den Pausen sowie vor und nach dem Unterricht anderen Klassen zum Kauf an. So entwickelt sich eine Angebots- und Nachfragestruktur wie im richtigen Markt.

„Moment", sagen Sie. „Wie soll das gehen? Mit richtigem Geld? Da machen die Eltern sowieso nicht mit."
Das mag sein. Aber was hält Sie davon ab, eine eigene Schulwährung einzuführen? Nur gültig an Ihrer Schule. Da gibt es dann eben „Schuleuros".
„Wie bitte?", sagen Sie. „Da versauen wir die Kinder ja schon frühzeitig mit diesem Geldmaterialismus."

Ich glaube, dass man hier vielmehr Haltungen und Einstellungen entwickeln kann, die für den späteren Umgang mit Geld förderlich sind. Vielleicht brauchen wir ja dann nicht mehr soviel Einsätze à la Peter ZWEGAT, Deutschlands bekanntestem Schuldnerberater. Und nebenbei lernt man Rechnen mit Dezimalzahlen.

Inzwischen macht sich kontinuierlich die Literatur breit, die den Begriff „Talent" entmystifiziert.
Talent – für Musik, für Golf, für Schach, für Sport...
Eine schöne Ausrede, wenn man es nicht hat. Das die Talenteinhaber zielstrebig geübt haben (oder üben mussten) und das über einen langen Zeitraum hinweg, wird oft vergessen. Dazu kommt, dass bei den meisten überdurchschnittlichen „Talenten" (Wolfgang Amadeus MOZART, Tiger WOODS, David GARRETT oder die POLGAR-Schwestern) elternseitig eine frühe fachkundige pädagogische Anleitung gewährleistet war. Mit geeigneten Methoden ist Erfolg nicht mehr aufzuhalten.
Geoff COLVIN spricht in seinem Buch „Talent wird überschätzt" von den Grundsätzen für bewusstes Üben. Die lernen wir allerdings in der Schule nicht. Schade...

5.2. Die Trainings-Tipps der Profis

Nehmen Sie doch mal die folgenden zwei Aufgaben, zu denen Sie einen kleinen Handspiegel, eine Stoppuhr und einen Stift brauchen. Sie beginnen mit der Zeichnung „Stern1“. Zeichnen Sie innerhalb des dort abgebildeten Doppelsterns schnell freihändig eine Linie, die möglichst genau in der Mitte zwischen der inneren und der äußeren Sternbegrenzung verläuft. Nehmen Sie die Zeit zwischen Beginn und Ende der Aufgabe und tragen Sie sie unter dem folgenden Bild ein.

Zeichnung Stern1

Benötigte Zeit: _____ Minuten

Na, wie war Ihre Zeit? Sind Sie zufrieden? Da Ihnen hier der Vergleich fehlt, können Sie möglicherweise die Fragen gar nicht beantworten.
Hier ist die Zeichnung des Sterns noch einmal. Nun sollen Sie mit dem Spiegel arbeiten. Bevor Sie beginnen, lesen Sie bitte die Instruktionen auf der folgenden Seite.

Zeichnung Stern2

Frust-Zeit: ____ Minuten

Zeit gesamt: _____ Minuten

Nehmen Sie den Spiegel in die eine Hand, den Stift in die andere und schauen Sie in den Spiegel, so dass Sie Zeichnung Stern2 im Spiegel sehen. Versuchen Sie wieder eine Linie in der Mitte zu zeichnen (Blick in den Spiegel).
Messen Sie die Zeit bis zu Ihrem ersten kleinen Anflug von Frust und die Zeit bis zum Ende der Aufgabe (falls Sie durchhalten).

Halten Sie für sich fest:
1. Wie geht es Ihnen bei dieser Aufgabe?
2. Wann setzte Ihre Unlust ein?
3. Wollten Sie aufhören oder weitermachen?

Mit der Antwort auf diese Fragen haben Sie Ihren Lernprozess ein wenig unter die Lupe genommen.

Für die meisten Menschen ist die Spiegel-Aufgabe nicht gerade eine, für die sie „brennen". Vielleicht ergibt sie nicht mal Sinn für Sie. Und dann kämpfen Sie sich mehr oder weniger durch.
Stellen Sie sich vor, Sie hätten in drei Wochen eine Prüfung und genau diese Aufgabe käme darin vor. Wie würden Sie üben?

BIRKENBIHL gibt seit vielen Jahren fünf Basismerkmale für das Training von Tätigkeiten an, die mir selbst sehr gute Dienste erwiesen haben.

Die fünf goldenen Trainingsregeln:

1. Laaangsaaam üben

In unserer hektischen Zeit wollen die meisten Menschen zu schnell zu viele (perfekte) Ergebnisse. Wie soll das aber gehen? Wenn Sie Fähigkeiten erwerben und Fertigkeiten herausbilden wollen, benötigen Sie Nervenbahnen. Damit sind stabile, neuronale Muster gemeint, die sich

unter ähnlichen Situationen im Gehirn immer wieder herausbilden. Zu schnelles Fortschreiten beim Üben wirkt dabei bremsend.
Nicht umsonst üben zum Beispiel Shaolinmönche ihr äußerst dynamisches Kung-Fu in einer stark verlangsamten Variante als Tai-Chi. Die Geschwindigkeit kommt später von selbst.

Im Gehirn prägen sich durch langsames Üben stabile Netzwerke aus, deren Nervenverbindungen stark myelinisiert sind. Die Myelinschicht wirkt dabei wie eine kreuzungsfreie Richtungsautobahn (ohne Gegenverkehr). Da macht das Fahren Spaß.
Die Erkenntnis, dass langsames Üben sinnvoll ist, und bei entsprechender Ausdauer zu höherer Effektivität der Lernprozesse führt, ist in vielen Bereichen des Lebens bereits vorhanden. Moshe FELDENKREIS, von Hause aus Psychiater und Judolehrer, entwickelte die nach ihm benannten körperorientierten Lernformen, speziell unter dem Aspekt langsamer Bewegung.
Oder nehmen wir das Erlernen von „Gitarre" (eines der beliebtesten Instrumente Jugendlicher). Da möchten vor allem die Jungen in Nullkommanix schnelle Läufe so wie der Stargitarrist Paul GILBERT können.
In einer Diskussion des Forums www.gitarre-spielen-lernen.de findet sich am 4.4.2010 folgender Beitrag von Winni (so der Nickname des Diskussionsteilnehmers): „Ein Jahr extrem langsames und sauberes Üben ergibt Fortschritte. Sicher. Aber nur so sicher, wie es täglich sauber durchgehalten wird. Alles andere ergibt flüchtiges, bei Auftritten oder Stress nicht reproduzierbares Gewirr. Die Zeit von einem Jahr ist relativ, kommt aber für den Durchschnitt hin."

Übrigens gibt es einen Lebensbereich, der viele Menschen derzeit dazu zwingt, einen Gang zurückzuschalten – die Gesundheit.

Die Hektik unserer Zeit hat Zivilisationskrankheiten wie Herz-Kreislaufschwächen, Burn-Out, Stresserfahrungen sowie eine Reihe psychischer Erkrankungen wie zum Beispiel die Depression stark anwachsen lassen. Seit ca. zwei Jahrzehnten geistert durch die deutsche Erfolgsliteratur der Begriff der „Entschleunigung". Eine beliebte Anekdote von Till EULENSPIEGEL macht klar, worum es geht:

Als Eulenspiegel eines Tages mit einem Bündel Habseligkeiten zu Fuß zur nächsten Stadt wanderte, überholte ihn eine recht schnell fahrende Kutsche. Der Kutscher, der es sehr eilig zu haben schien, rief: „Wie weit ist es bis zur nächsten Stadt?"

„Wenn ihr langsam fahrt, eine halbe Stunde – wenn ihr schnell fahrt, einen halben Tag, mein Herr!", antwortete Till Eulenspiegel.

„Du Narr!", schimpfte der Kutscher, griff zur Peitsche und trieb die Pferde noch heftiger an, und die Kutsche fuhr mit erhöhtem Tempo weiter.

Till Eulenspiegel ging seines Weges daher. Die Straße hatte viele Schlaglöcher. Eine Stunde später fand er eine Kutsche, die offenbar mit einem Schaden im Straßengraben lag. Die Vorderachse war gebrochen und der Kutscher fluchend damit beschäftigt, diese zu reparieren.

Der Kutscher blickte Till Eulenspiegel vorwurfsvoll an, worauf dieser nur anmerkte: „Ich sagte Euch doch: Wenn Ihr langsam fahrt, eine halbe Stunde ..."

Quelle: Wolfgang SCHNEIDER; Anleitung zum Faulsein, Eine Enzyklopädie

Oder nehmen Sie die Geschichte von Sir John FRANKLIN (1786 – 1847), dem englischen Kapitän und Polarforscher, dessen Langsamkeit ständig mit der damals schon vorhandenen Hektik der Welt kollidierte. Gerade durch die mit dieser Langsamkeit verbundene Beharrlichkeit wurde er zu einem großen Entdecker. Die Geschichte findet sich in Stan NADOLNYs Roman „Die Entdeckung der Langsamkeit" wieder – ein Werk, das inzwischen auf dem Gebiet des Zeitmanagements fast Kultstatus genießt.

2. Kurze Zeiten

Kommen wir noch einmal auf unsere Ursprungsaufgabe mit dem Stern zurück: Ist es für Ihren Lernprozess günstiger, lieber länger hintereinander zu üben (sagen wir zwei Stunden am Stück) oder sollten Sie kurz, aber dafür öfter üben?
Die Antwort: kürzer und öfter.
Profis soll das nicht davon abhalten, stundenlang einzelne Details zu üben. Aber kürzer und öfter ist speziell im Einsteigerbereich des Lernberges sinnvoll.

Vera F. BIRKENBIHL bringt hier ein sehr schönes Bild ins Spiel: Sie beschreibt die Wechselwirkung zwischen zwei Dingen, die für den Ausbau der Nervenbahnen notwendig sind – das Bauen der Nervenbahnen und das Aktivieren der zugehörigen Muskeln für die Tätigkeit. Beide Aktivitäten behindern sich. Stellen Sie sich einen Straßenplaner vor, der gerade einen Autobahnabschnitt plant, gleichzeitig die Materiallieferungen koordiniert und nebenbei die Straßenbaumaschine bedient. Da kommt man leicht in die Panikzone... und dann geht nichts mehr.

Also, lieber kürzer und öfter, dabei allerdings die Konzentration auf einen Aspekt.
Das führt uns gleich zum nächsten Punkt.

3. Kleine Übungseinheiten

Beim Zeichnen der Mittellinie in der Zeichnung Stern2 haben Sie sicherlich bemerkt, dass Probleme immer dann auftauchen, wenn ein Richtungswechsel erfolgt. Durch die Wirkung der etablierten neuronalen Verbindungen fällt man immer wieder in alte Muster zurück. Doch nun ist es auf einmal anders. Geht es normal nach links, dann geht es im Spiegel nach rechts. Geht es normal nach oben, geht es im Spiegel nach unten. Man ist ständig zum Umdenken gezwungen. Ein Stabilisieren von Nervenbahnen erfolgt nicht.

Besser wäre es an dieser Stelle zu kleinen Einheiten überzugehen, etwa Stern-Bestandteile mit nur einer Spitze, und damit nur einer Richtungsänderung zu nehmen. Erstellen Sie sich dazu Arbeitsblätter, die Sie dann nacheinander durchgehen.

Im Einsteigerbereich des Lernberges steht dabei der Spaß bzw. das gute Gefühl im Vordergrund. Wenn Sie merken, dass Sie an der Frustgrenze angelangt sind, dann gehen Sie wieder zu einer Aufgabe, die mehr Spaß macht. Je besser Sie werden, desto mehr sollten Sie allerdings an einem Detail üben, bis Sie es können. Georg NORBERG, ein Gitarrenlehrer aus Regensburg, schreibt in seinem „Superlearning für Gitarristen" dazu Folgendes: „Du willst unbedingt blitzschnelle Wechselschlag-Soli spielen..., dann arbeite Dich nur durch solche Lektionen. Alles andere hat für eine Zeit lang Hausverbot."

Das konsequente Üben an einer Technik, an einem Detail bzw. an einem Fehler oder Problem bis zur eigenen Zufriedenheit, ist einer der Punkte, der Profis von Übungslaien unterscheidet. An dieser Stelle sei der Hinweis auf Computerspiele vermerkt. Sie sind so konzipiert, dass sie die Regeln für Training konsequent einhalten. Die kleinen Übungseinheiten sind dabei die Level, und Sie kommen erst auf ein höheres, wenn Sie die Fertigkeiten für das aktuelle Level beherrschen. Und dann wird der Schwierigkeitsgrad gesteigert. Es ist

spannend mit anzusehen, wie gerade Jungen durch dieses außerordentlich motivierende Vorgehen in rasanter Geschwindigkeit Lernprozesse durchlaufen.
Schade, dass das mit Mathe, Physik und Co. nicht geht... Oder vielleicht doch?

4. Real – Mental

1993 entdeckte ein Forscherteam der Universität Parma (Italien) um die Professoren RIZZOLATTI und GALESE Hirnbereiche bei Affen, deren Neuronen nicht nur bei eigener Aktivität feuerten, sondern auch dann, wenn dieselbe Aktivität bei anderen Affen beobachtet wurde. Sie gaben diesen neuronalen Gebieten den Namen „Mirror Neurons" (Spiegelneuronen). Gegen Ende des 20. Jahrhunderts wurden derartige Bereiche auch beim Menschen entdeckt.

Die Spiegelneuronen werden heute mit zwei wesentlichen menschlichen Eigenschaften in Verbindung gebracht – mit Empathie (der Einfühlung in andere Menschen) und mit dem Lernen durch Imitation.

Interessant ist, dass Spiegelneuronen auch anschlagen, wenn ein Mensch eine Tätigkeit vor seinem geistigen Auge durchführt. Das scheint die Basis von mentalem Training jeder Art zu sein.
Dass mentale Übungsprozesse sinnvoll sind, weiß man im Sport schon seit Jahrzehnten.

Im Ski-Abfahrtslauf kann man alljährlich Athleten dabei beobachten, wie sie, zum Teil mit geschlossenen Augen, die Abfahrt über den Hang geistig durchgehen. Und im Fußball wird nicht erst seit dem Sommermärchen 2006 auch für den normalen Fußballinteressierten deutlich, dass zu einer erfolgreichen Mannschaft, eben nicht nur die physische Fitness und ein perfekter Um-

gang mit dem Ball gehören. Eine wesentliche Komponente ist eben die mentale Vorbereitung.
Im Fußball-WM-Jahr 2010 war das bei einem Spiel der deutschen Mannschaft sehr deutlich zu sehen. Im Spiel gegen Argentinien war die Voreinstellung: Yes, we can. Und nach einem ersten schnellen Erfolg, dem 1:0, flutschte das Spiel nur so. Offensichtlich war die mentale Einstellung Realität geworden.
Genauso auch bei den Argentiniern. Diego MARADONA, der Trainer der argentinischen Mannschaft, hatte im Vorfeld keinen Zweifel daran gelassen, dass die Deutschen über weite Strecken des Spiels keinen Ball sehen würden. Und so hatte er seine Mannschaft eingestellt. Die Diskrepanz zwischen der Realität der ersten zehn Minuten und der inneren Einstellung „Deutschland schlagen... kein Problem" war zu krass. Mannschaften mit einer – nennen wir es mal „Schwarm-Empathie" (in Anlehnung an den Begriff der Schwarm-Intelligenz) – hätten das Ruder sicher herumreißen können. Allerdings fehlte den brillianten Ballkünstlern aus Südamerika die gemeinschaftliche mentale Stärke.

In vielen Lebensbereichen ist inzwischen die Wirkung dieser Art von Training angekommen. Manager machen genauso Mentalkurse wie gestresste Hausfrauen oder Studenten. Nur ein Bereich ist weitgehend davon verschont geblieben – die Schule. Und das, obwohl gerade dort die Probleme mit Kindern und Jugendlichen zunehmen.

ADS, Hyperaktivität, diverse Dysfunktionen (wie zum Beispiel Dyslexie, Dyskalkulie) machen Schülern und Lehrern gleichzeitig das Leben schwer. Mangelnde Konzentrationsfähigkeit und schlechtes Wahrnehmungsvermögen der Schüler bringen Erzieher, Eltern und Lehrer zur Verzweiflung. Und dabei kennen wir doch eine ganze Reihe von Methoden, die das verhindern könnten.

Professor Gerald HÜTHER, einer der führenden Hirnforscher in Deutschland, bemerkte einmal dazu: „Wir haben kein Wissensproblem, wir haben ein Umsetzungsproblem."

Seit einiger Zeit unternimmt eine Bewegung aus Indien – die Maharishi – Anstrengungen, auch in Europa das Projekt „Schule ohne Stress" zu etablieren. Transzendentale Meditation gegen ADHS und Co. scheint allerdings in Deutschland noch nicht übermäßig beliebt zu sein. In einigen europäischen Ländern gibt es bereits Maharishi-Schulen, in Deutschland leider noch nicht. Wir vertrauen in traditioneller Weise Ritalin. Oder wie Volker PISPERS einmal sehr deutlich sagte: „Der Deutsche braucht etwas zum Einwerfen." Dazu gehört Meditation nun mal nicht.

Jetzt kommt die gute Nachricht. Auch der Mathe-Lehrer kann dafür sorgen, dass Spiegelneuronen aktiviert werden. Nehmen wir an, wir hätten die Vorgehensweise zur Berechnung von Zins und Zinseszins eingeführt und an Beispielen praktiziert. Dann ist es sinnvoll, diese Beispiele noch einmal in Gedanken durchzugehen. So erklärt zum Beispiel ein Schüler, wie er vorgegangen ist und der Rest versucht gedanklich zu folgen. Ein derartiger mentaler Lernprozess ist ähnlich wirkungsvoll wie das eigene Handeln.

Übrigens kam einer meiner Seminarteilnehmer einmal auf die Idee, dass mentales Training das reale ganz ersetzen könne. Er meinte, man könne sich doch im Park auf eine Bank setzen und Joggern beim Laufen zusehen. Wenn man diese Bilder verinnerlicht, müsste man doch wegen der Spiegelneuronen auch Muskeln entwickeln bzw. abnehmen. Er meinte das natürlich aus Spaß. Nun ja, vielleicht ist ja doch was dran, sicherlich aber nur, wenn man die geistige Stärke von Shaolinmeistern oder Buddha-Mönchen hat.

Und im Übrigen... wir überbewerten unsere intellektuellen Fähigkeiten mitunter zu sehr. Konrad LORENZ hat einmal gesagt: „Der Übergang vom Affen zum Menschen sind wir.“
Ist das nun gut oder schlecht? Sagen Sie es mir.

5. Variation

Ob in der Kindererziehung, beim Unterrichten in der Schule oder bei Anweisungen durch Chefs in Firmen – etwas passiert immer wieder. Menschen verstehen Dinge anders, als sie gemeint waren.

Wir benutzen zur Kommunikation meist die Inhalte unserer Insel. Das heißt, wir gehen oft unbewusst davon aus, dass andere Menschen dieselben Erfahrungen, dasselbe Wissen und Können wie wir haben. Dem ist nicht immer so. Trotzdem kommunizieren wir immer auf dieselbe Art und Weise, speziell wenn es darum geht, Anweisungen zu wiederholen. Wäre es da nicht besser, sich an das Verständnis seines Gegenübers anzupassen?

Wenn ein Chef merkt, dass das, was gesagt wurde, offensichtlich nicht angekommen ist, sollte es eben nicht auf dieselbe Weise wiederholt werden. Eine Variation der Vorgehensweise macht Sinn. Sie betont das Wesentliche und aktiviert anhand unterschiedlicher Einzelbeispiele den Abstraktionsprozess im Menschen. Benutzen Sie bei der Wiederholung andere Worte, geben Sie Metaphern oder bildhafte Beschreibungen, verändern Sie Mimik, Gestik und Prosodie. Und vor allem: Denken Sie nicht in erster Linie, dass der andere Sie nicht verstehen will. Eine sehr schöne Übung dazu hat Vera F. BIRKENBIHL entwickelt – Charley Whoop. Sie finden sie als Video unter www.bauchhirn.de.

Variieren bei unserer Stern-Aufgabe heißt übrigens: Zeichnen Sie mal langsamer, mal schneller. Versuchen Sie mal zielgerichtet, die Regeln zu verletzen, also zum Beispiel bewusst Begrenzungslinien zu kreuzen. Nehmen Sie mal einen dicken, mal einen dünnen Stift. Variieren Sie die Farben. Zeichnen Sie mal im, mal gegen den Uhrzeigersinn.

Und dabei das Wichtigste: Machen Sie sich bewusst, was gerade passiert. Sie werden merken, dass nicht nur Ihr Lernen besser wird, sondern es entwickeln sich auch Aufmerksamkeit, Konzentration und Kreativität. Viel Erfolg dabei.

Nun noch einige Tipps zum Üben, wenn Sie in einem Bereich richtig gut werden wollen.

Lassen Sie uns zunächst auf ein Modell eingehen, das Professor Noel M. TICHY von der Universität in Michigan aufstellte (Quelle www.deliberatepracticeblog.com).

TICHY unterscheidet 3 Zonen: die Komfort-Zone, die Lern-Zone und die Panik-Zone.

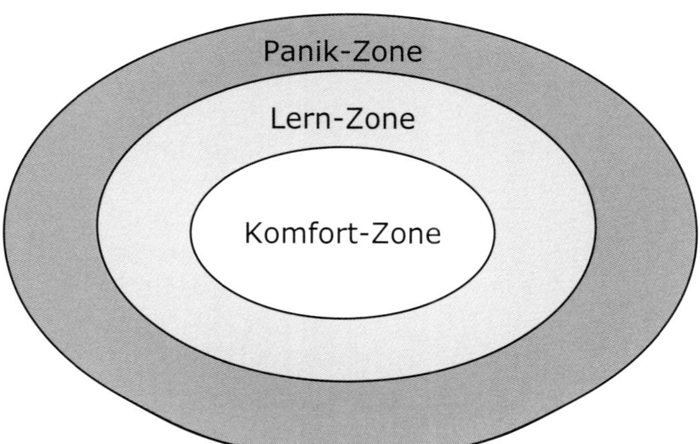

Weder in der Komfort-, noch in der Panik-Zone ist Lernen möglich. Für die Panik-Zone ist das schnell klar, sind doch dort vor allem alte Hirnteile wie das Reptiliengehirn aktiv. Über unser „Angst-Zentrum", die Amygdala, werden Reize unter Ausschaltung des „denkenden“ präfrontalen Kortex an den Hirnstamm zur Reaktion weitergeleitet – ein reines Ablaufschema etablierter Nervenbahnen.

Nebenbei bemerkt, kann in der Schule schon die Ankündigung einer Klassenarbeit oder Klausur Angstzustände hervorrufen, durch die zielstrebiges Lernen nicht mehr möglich ist. Versagen ist vorprogrammiert. Und wenn dann noch unser internes Belohnungssystem nach folgendem Muster aktiviert wird, dann gute Nacht!

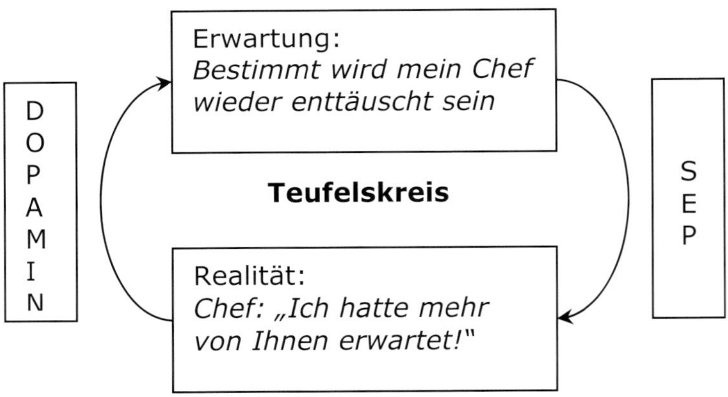

SEP steht dabei für die Selbsterfüllende Prophezeiung und DOPAMIN stellvertretend für das hirneigene Belohnungssystem. Entwicklungsgeschichtlich ist es von Vorteil gewesen, das Belohnungssystem zu aktivieren, wenn ein Mensch eine Erwartung hatte, die erfüllt wurde.
In vielen Bereichen des heutigen Lebens ist das allerdings außerordentlich gefährlich. Durch unsere Sichtweise, Fehler als negativ anzusehen, kann der oben angegebene Teufelskreis dramatische Auswirkungen haben. Unser Gehirn belohnt sich dafür, dass es eine richtige Annahme gemacht hat, es „dopt“ sich – mit Dopamin. Und Dopamin bewirkt als

körpereigener (intrinsischer) Motivator, dass wir mehr von solchen Situationen haben wollen.
Jetzt übertragen Sie das Chef-Beispiel von oben mal auf Situationen in Schule und Elternhaus. Wie oft kommt da ein Teufelskreis in Gang, der kaum rückgängig zu machen ist... Wir manifestieren eine Erwartungshaltung, die wir immer wieder bestätigen können wegen des tollen (kurzzeitigen) Gefühls. Langfristig kann aber genau das in eine handfeste Depression führen.

Zurück zur Komfort-Zone: Hier fühlt sich alles so schön an, dass wir am liebsten GOETHEs Faust folgen würden mit den Worten „Verweile doch, du bist so schön!".
Lernen ist nicht bequem. Lernen ist anstrengend. Nicht umsonst benötigt unser Gehirn für seine Arbeit bei nur 2% Masseanteil am gesamten Körper ca. 20% der verfügbaren Energie.
In der Komfort-Zone „tuckert" unser Denkorgan bei freier Autobahn mit Tempo 70 auf der mittleren Spur. Oder, wenn Sie noch ein Klischee benötigen:
Der Kabarettist Horst SCHROTH hat vor Jahren in einem sehr sehenswerten Programm das Gehirn von Männern unter die Lupe genommen. Und er hat zwei Zustände definiert: Arbeiten und Wohnen. Beim Wohnen (Fernsehgerät an, Fußball eingeschaltet, Bierchen dabei und Füße hoch) läuft das Männergehirn nur auf halber Kraft. Exakt das entspricht der Komfort-Zone. Für Frauen scheint es ein solches Beispiel nicht zu geben. Vielleicht müsste man dazu mal Mario BARTH fragen ... naja, das muss nicht unbedingt sein.

Und zwischen Wohlbehagen und Panik liegt die Lern-Zone. Die einfachste Identifikation dieses Bereiches liegt wohl in der Wahrnehmung von „AHA-Effekten". Dieses AHA ist mit einer Dopamin-Ausschüttung im Gehirn verbunden. Professor Gerald HÜTHER bezeichnet Dopamin als einen neuroplastischen Botenstoff, den wir uns als DEN intrinsischen Motivator vorstellen können.

Wenn Dopamin im Spiel ist, möchten wir weitermachen. Und eben das passiert bei AHA-Erlebnissen.

Das Modell von TICHY verbinden wir nun mit dem Lernberg. Im Einsteigerbereich des Lernbergs ist ja das 3S-System gefragt: Spannung, Spaß, Sinn.

Das System der 3S beim Einstieg in neue Wissens- und Könnensbereiche bewirkt ein Üben nahe der Komfortzone. Die Übungseffekte sind dabei nicht sonderlich hoch, es geht langsam voran, aber dafür gerät man nicht ständig in Kollision mit seiner Frustrationsgrenze. Diese ist übrigens bei Kindern deutlich später ausgeprägt als bei Erwachsenen. BIRKENBIHL brachte in ihrem Vortrag „Jungen und Mädchen – wie sie lernen" das Beispiel eines Dreijährigen, der einen Turm baut. Der Turm wird das erste Mal gebaut, das Kind reißt ihn das erste Mal, aus Versehen, mit seinem Ellenbogen ein, schaut verwundert und baut ihn wieder auf. Dieses Spiel wiederholt sich mehrfach. Mit einer Faszination auf diese Tätigkeit lernt das Kind so, wie man Türme baut. Mihaly CZIKSZENTMIHALY nennt das Flow – ein Erlebnis, das die meisten Erwachsenen später nicht mehr haben. Schade.

Nehmen wir einmal das beliebte Thema Joggen. Wie sollte man vorgehen, wenn man ein Lauf-Novize ist? Die Empfehlung der meisten Lauftrainer heißt in Übereinstimmung mit einer Aussage des deutschen Fitnesspapstes Ulrich STRUNZ: „Laufen Sie im Sauerstoffüberschuss – leicht, locker, lächelnd." Das bewirkt dann Fettabbau, weil „der Muskel beim Laufen im Sauerstoffüberschuss Fett verbrennt".
Nun ja, das mag stimmen. Effektiv ist es deswegen noch lange nicht. Es ist lediglich eine Methode, um Jogger im Einsteigerbereich des Lernberges bei der Stange zu halten. Die Anstrengung wird damit minimiert, es setzen nicht gleich die gefürchteten Seiten-

stiche ein, die sich auf jegliche Laufmotivation eher negativ bemerkbar machen.
Wie übt aber nun jemand, der im Laufen richtig gut werden will, der zum Beispiel an einem Marathon in einer vorgegebenen Zeit (eine kritische Amateur-Grenze sind hier vier Stunden) teilnehmen will? Stetig an der Grenze des Möglichen trainieren und diese Grenze damit ständig hinausschieben, ist die Aussage vieler Profis. In Bezug auf unser Modell heißt das: Trainieren an der Grenze zur Panikzone.
Alexander CHRISTIANI berichtet in seinem Buch „In 7 Schritten zur dauerhaften Selbstmotivation" von einem Weltmeister im Gewichtheben. Dieser wurde gefragt, welche der Wiederholungen beim Training die Wichtigste wäre, wenn er ein Gewicht zehnmal stemmt. Darauf der Gewichtheber: „Die elfte."
Wenn man meint, es geht nichts mehr, dann noch einen drauf zu setzen, eben an der Frustgrenze, und das nicht nur einmal, sondern dauerhaft, das bringt Übungspower vom Feinsten. Leider ist das für viele Menschen zu anstrengend.

Ich bin gerade dabei meine inzwischen verstaubten Fähigkeiten im Violinspiel zu verbessern. Während meiner Kindheit musste ich Geige spielen lernen. Ein Horror damals, zumindest in den ersten vier Jahren. Letztendlich habe ich an der damaligen Kreismusikschule Quedlinburg eine elfjährige Geigen- und Bratschenausbildung absolviert. Dann war lange Zeit Ruhe und vor etwa vier Jahren habe ich die Instrumente wieder hervorgeholt. Ich begann immer wieder nach demselben Muster zu üben:

Stück Nr. 1 (konnte ich schon ganz gut)
Stück Nr. 2 (konnte ich auch ganz gut)
....
Stück Nr. 10 (ging auch ganz passabel)

So habe ich mir am Ende meiner fast täglichen Übungen auf die Schulter geklopft und gesagt, dass es doch gar nicht so schlecht geht. Und dann entdeckte ich bei Youtube David GARRETT. Mit seinem am 20.12.2008 aufgestellten Weltrekord ist er der schnellste Geiger der Welt und steht im Guiness-Buch der Rekorde. Es gelang ihm, den „Hummelflug" von Nikolai RIMSKI-KORSAKOV aus „Das Märchen vom Zaren Saltan" in 65,26 Sekunden zu spielen. Damit spielte er mit einer Geschwindigkeit von 13 Noten pro Sekunde.
Ob ich das wohl auch könnte? Dieser Gedanke faszinierte mich. Kurz kam mir die 10.000-Stunden-Regel ins Gedächtnis.

Nach der 10.000-Stunden-Regel benötigt man für die Meisterschaft bezogen auf eine Fähigkeit mindestens 10.000 Stunden Übungszeit oder ca. 10 Jahre intensiven Trainings. Wir gehen im nächsten Abschnitt auf diese Forschungen der Psychologen CHASE und ERICSSON ein.

In meiner Jugend hatte ich ja etwa schon 3.000 Stunden absolviert. Ich hatte die Geige allerdings lange nicht angefasst. Wie schnell würde ich den Stand von damals wieder aktivieren können? Und dann würden mich noch ca. 7.000 Übungsstunden von David GARRETT trennen. Schnell war mir klar, dass in meinem Alter 7.000 Stunden viel Zeit sind. Bei einer Übungsstunde pro Tag käme ich auf immerhin etwa 21 Jahre. Das ist mir zu lang. Wie kommt man sonst auf eine entsprechende Qualität? Da schoss mir eine Aussage von Vera F. BIRKENBIHL durch den Kopf. Wenn wir unsere Intelligenz erhöhen wollen, dann ist das über mehr Wissen und Können möglich. Das Entscheidende dabei ist allerdings nach Harvard-Professor David PERKINS die Wahl der Methode. Hier kann sich ein regelrechter Turbo ergeben.

Gibt es vielleicht effektivere Übungsmethoden?
So ging ich auf die Suche danach.

Was bitteschön bedeutet SF?

Ende der 1970er machten die Psychologen William CHASE und Anders ERICSSON eine interessante Entdeckung. Ein durchaus normaler Student, der später in die wissenschaftliche Literatur mit dem Kürzel SF eingehen sollte, war in einem Forschungsprojekt zum Gedächtnis eingebunden.
Wie viel Ziffern kann sich ein Mensch merken? Fünf oder sieben oder vielleicht neun? Oder sind es doch mehr? Wir reden hierbei von normal begabten Menschen und eben nicht von denen, die mit einem göttlichen Zahlensinn versehen wurden. Und so einer war SF. CHASE und ERICSSON wollten herausfinden, mit wie viel Übung es gelänge, die Merkgrenzen nach oben zu verschieben. SF schaffte schnell 14 und bald darauf 22 Ziffern. Geoff COLVIN beschreibt in seinem Buch „Talent wird überschätzt", das SF bei beständiger Übung nach zwei Jahren und nach ca. 250 Übungsstunden auf einen Rekord von 82 Ziffern kam. Die Arbeit mit SF regte ERICSSON letztendlich zu der Fragestellung an, mit welchen Methoden man Gedächtnisleistungen systematisch verbessern könne. Damit sollte das Sprichwort „Übung macht den Meister" eine neue Bedeutung gewinnen. ERICSSON begann damit, auf verschiedenen Gebieten erfolgreiche Menschen nach ihren Übungsmethoden zu untersuchen. Er entwickelte daraus das „Konzept des bewussten Übens" (Deliberate Practice). Was verbirgt sich nun dahinter? Es sind eben nicht nur die Zeit und die Anzahl der Wiederholungen. Es ist vor allem ein Bewusstmachen der Stellen, die noch nicht gut gelingen. Lassen Sie uns an der Stelle auf die fünf Aspekte des bewussten Übens eingehen.

Die fünf Aspekte bewussten Übens

1. Bewusstes Üben ist auf Verbesserung ausgerichtet.

Ist Verbesserung nicht immer das Ziel? Möglich, aber es stellt sich die Frage des Maßes. Woran merke ich, dass ich mich verbessert habe? Im Unterschied zum normalen Üben, bei dem wohl eher das Prinzip Hoffnung gilt, gibt es beim bewussten Üben vorher eine klare Aussage, an welchen Stellen eine Verbesserung erreicht werden soll. Sie ist damit nicht allgemein, verwaschen und unscharf, sondern sehr konkret.

2. Bewusstes Üben setzt häufiges Wiederholen voraus.

Durch Wiederholung schaffen wir stabile Nervenbahnen. Immer und immer wieder derselbe Gedanke, dasselbe Vorgehen – etwas, das Kinder offensichtlich intuitiv beherrschen.

Im Kapitel 1.6. zum Lernberg hatte ich das Beispiel unseres Enkels Lukas erwähnt. Als er seine „Hin-und-her-Gieß-Phase" hatte, goss er 90 Minuten Wasser aus verschiedenen Gefäßen in andere. Wenn zu viel Wasser verloren ging, schlug Lukas Alarm, und sofort sprangen Oma oder Opa hinzu, um nachzufüllen. Mit dieser ständigen Wiederholung verbesserte sich der Gießvorgang sichtbar, obwohl es Lukas wohl gar nicht darauf ankam.

Irgendwann geht uns dieser Drang, etwas immer wieder zu tun, verloren. Möglicherweise hat dieser Verlust mit unserer Art der Schulbildung zu tun. Wissen scheint eine übergeordnete Rolle zu spielen. Immer mehr Fakten werden in die Curricula gepackt und sind damit prüfungsrelevant. Um sie dauerhaft im Gedächtnis zu speichern, ist ein erhebliches Maß an Training erforderlich. Das wissen gute Pädagogen.

Der Druck des zu behandelnden Stoffes allerdings verleitet viele, gegen ihre eigene Überzeugung, die Übungszeit zu minimieren - ein klassisches double-bind, das zu einer großen Lehrerunzufriedenheit (und mehr) führt.

> ***double-bind****: auf der Basis der Arbeiten von Gregory BATESON bezeichnen wir mit double-bind eine paradoxe Situation in der Kommunikation, die sich über verschiedene Kommunikationsebenen erstreckt. Sie ist durch den Empfänger nicht auflösbar und führt zu inneren Widersprüchen.*
> *Beispiel:*
> *Meta-Ebene (BIRKENBIHL bezeichnet sie auch als strategische Ebene): Ein guter Pädagoge weiß um die Wichtigkeit ausreichenden Trainings.*
> *Inhalts-Ebene: Die inhaltlichen Vorgaben der Schulverwaltungen sind dermaßen voll, dass der Pädagoge keine Chance hat, seine Überzeugung zu leben.*

3. Die Ergebnisse des bewussten Übens lassen sich durch Feedback ständig überprüfen.

Stellen Sie sich vor, Sie verbessern sich beim Üben und Sie merken es nicht. Das hat unmittelbare Auswirkungen auf Motivation und Übungsfleiß. Die Lust lässt nach und der Frust steigt langsam auf.

Zwei Wege eröffnen sich hier:

1. Weg – Ball-im-Tor-I-Effekt
Diesen Effekt haben Sie bereits im Kapitel 1.7. kennengelernt. Hier üben sie an Aufgaben, bei denen die Richtigkeit des Übens sofort sichtbar wird. Training mit dem Ball-im-Tor-I-Effekt ermöglicht autonomes Lernen.
2. Weg – Ball-im-Tor-II-Effekt

Hier bedarf es eines Coaches oder Trainers, der Ihnen Feedback gibt, ob Sie richtig liegen und in welche Richtung Sie weitergehen sollten.

Eine einfache und wirkungsvolle Methode zur Transparenz von Übungsfortschritten hat BIRKENBIHL entwickelt. Sie nennt diese Methode „1-15-25".

Dahinter verbirgt sich Folgendes:
Nehmen wir an, Sie würden Pen Spinning (Stiftdrehen) lernen wollen. Und nehmen wir weiter an, Sie hätten bei Youtube ein Video gefunden, das Ihnen mit einfachen Übungen den Einstieg zeigt. Und jetzt beginnen Sie mit der Drehung um den Daumen. Ständig fällt Ihnen der Stift zu Boden. Sie beginnen zu resignieren und denken: „Das schaffe ich nie!"
Woran das liegt? Sie üben und üben und bemerken keinen Fortschritt. Hier setzt die Methode 1-15-25 an. Sie lassen eine Videokamera mitlaufen und zeichnen von Anfang an Ihre Übungssequenzen auf, z. B. auf eine DVD. Dabei speichern Sie die Wiederholungen 1, 15, 25, 35, usw. auf DVD1 und die Wiederholungen 2 bis 14, 16 bis 24, 26 bis 34 usw. auf DVD2. Dann schauen Sie sich die Wiederholungen der DVD1 an und Ihre Übungsfortschritte werden transparent. Ich habe beim Üben von Geige, Nasenflöte, Sieben-Meilen-Stiefeln (Powerizer) und Pen Spinning gemerkt, dass das Üben mit Kamera viel bewusster erfolgt. Probieren Sie es aus.

Anregungen dazu gibt es unter www.youtube.de mit den Suchbegriffen:

a) „BIRKENBIHL, Methode, 1-15-25" für die Geigendemo
b) „BIRKENBIHL, 1-15-25, Powerizer" für die Sieben-Meilen-Stiefel
c) „BIRKENBIHL, 1-15-25, Pen Spinning" für das Drehen eines Stiftes

4. Bewusstes Üben bereitet keinen Spaß
Wenn beim Einstieg in den Lernberg der Spaß eine große Rolle spielt, so ist er hier kein bestimmendes Merkmal.
Sie erinnern sich an das Modell von Professor TICHY (Komfort-, Lern-, Panikzone)?

Wo ist nun im Bereich der Lern-Zone Lernen am effektivsten?
Die Antwort ist wohl einigermaßen verblüffend: am Rande der Panik-Zone.
Lernprozesse in der Nähe der Komfort-Zone haben dann Sinn, wenn der Lernende im Einsteigerbereich des Lernberges ist und nicht aus eigenem Antrieb lernt. Dort ist das 3S-System gefragt.
Wenn es allerdings effektiv werden soll, dann muss in erster Linie an der Verbesserung der fehlerhaften oder problematischen Teile der Lerninhalte gearbeitet werden und das ist nicht angenehm.

5. Bewusstes Üben verbindet Aufmerksamkeit mit Konzentration
Konzentration (lat. concentra = Zusammen zum Mittelpunkt) wird oft als bewusste Ausrichtung der Aufmerksamkeit auf eine Aufgabe definiert. Damit ist Aufmerksamkeit ein Oberbegriff zu Konzentration.
Um beide Begriffe voneinander abgrenzen zu können, folge ich stattdessen einem Gedankengang von BIRKENBIHL, die die **AUF-merksamkeit** von der **ZU-merksamkeit** (=Konzentration) unterscheidet. Beim ersten machen wir unsere Sinnesorgane auf, beim zweiten zu. Beide Begriffe stehen damit auf einer Ebene. Sowohl aufmerksam als auch konzentriert zu sein, scheint danach nur sehr schwer möglich. Und eben diese Erfahrung habe ich beim bewussten Üben gemacht. Man kann sehr konzentriert an einem Aspekt seines Könnens arbeiten und trotzdem geöffnete Sensoren für die Umwelt haben. Je einfacher das

betrachtete Detail ist, desto besser funktioniert die Wahrnehmung über dieses Detail hinaus.

Ich will das an einem Beispiel schildern. Ich laufe regelmäßig (4-6mal pro Woche) zwischen 6 und 10km. Als ich mich für den München-Marathon 2002 vorbereitete, merkte ich, dass das Trinken während des Laufens ziemlich schwierig ist. Ich hatte beim Training meine Trinkflasche dabei, kam aber beim Trinken immer aus dem Tritt. Manchmal verschluckte ich mich dermaßen, dass ich ein Stück des Weges gehen musste. Seitenstechen war die Folge.

Was tun? Die Notwendigkeit der Flüssigkeitsaufnahme beim Laufen stand außer Frage. Anhalten und Trinken brachte mich aus dem Rhythmus. Also nahm ich mir vor, bei kürzeren Trainingsstrecken das Detail „Trinken beim Laufen" zu üben. Schnell bemerkte ich, dass es nicht darauf ankam, große Flüssigkeitsmengen aufzunehmen. Viel wichtiger waren ein feuchter Rachen und feuchte Lippen. Bei den Läufen in den folgenden 14 Tagen konzentrierte ich mich ausschließlich auf das Trinken, das ich genau 10mal zwischen km 3 und 5 einordnete. Nach dieser Zeit war diese Fähigkeit so entwickelt, dass ich mich weder verschluckte, noch aus dem Laufrhythmus kam.

Der Nebeneffekt: durch die Konzentration auf diesen einen Aspekt wurde meine Wahrnehmung viel detaillierter. Mir fielen weitere Aspekte ein, die man separat trainieren muss, um besser zu werden. Das waren u.a. das Zubinden von Schnürsenkeln, das Ein- und Ausatmen in verschiedenen Rhythmen, das Wechseln der Wasserflasche von einer Hand in die andere, das Erreichen einer optimalen Schrittlänge bei Anstiegen unter verschiedenen Winkeln, usw..
Vielleicht erinnern Sie sich an den Stern am Anfang des Kapitels. Selbst bei dieser einfachen Aufgabe kann man

einiges beim Üben eines Aspektes entdecken und steigt so im Lernberg stetig nach oben.

Und irgendwann kommt man an die Amateurkreuzung. Was es hiermit auf sich hat, erfahren Sie im nächsten Kapitel.

5.3. Alice, der Mars und die Amateurkreuzung

Der britische Schriftsteller Lewis CARROLL veröffentlichte im Jahr 1863 eine Geschichte, die bis heute von Kindern und Erwachsenen gleichermaßen geliebt wird: Alice im Wunderland. Unter anderem richteten sich die zum Teil absurden und sonderbaren Erlebnisse von Alice gegen die damals bestehende Schule mit ihren „Auswendiglern-Lektionen".
An einer Stelle kommt Alice an eine Wegkreuzung, an der ihr die „Grinsekatze" begegnet. Dann spielt sich in etwa der folgende Dialog (stark verkürzt) ab:
Alice: „Ich wollte Dich etwas fragen, liebe Grinsekatze. Wo soll ich langgehen?"
Grinsekatze: „Das kommt darauf an, wo Du hinwillst."
Alice: „Das weiß ich nicht."
Grinsekatze: „Dann geh` einfach der Nase nach."

Mit anderen Worten: Wenn Du kein Ziel hast, dann kannst Du irgendetwas tun. Es ist völlig egal, was.
In Bezug auf Lernprozesse gilt allerdings etwas, das die Antwort der Grinsekatze bereits enthält: Das Gehen.
Man könnte hier auch auf dem Standpunkt stehen: Wenn mir mein Ziel noch nicht ganz klar ist, sollte ich nirgendwohin gehen, sondern am besten stehen bleiben.
Ich bin allerdings der festen Überzeugung, dass die wirklich wichtigen Lernprozesse mit eigenen Erfahrungen gekoppelt sein müssen. Nicht selten sind Erziehungsprozesse darauf ausgerichtet, Handlungen

aus dem Weg zu gehen, um Fehler zu vermeiden. Und gerade in unserem Kulturkreis ist die Suche nach dem Schuldigen ausgezeichnet kultiviert worden. Was neurologisch aus derartigen Fehlervermeidungsstrategien erwächst, haben die US-Psychologen Martin E. P. SELIGMAN und Steven F. MAIER bereits 1967 beschrieben – die erlernte Hilflosigkeit. Mit diesem Begriff wird die Unfähigkeit von Menschen beschrieben, aus eigener Kraft Lösungen zu für sie wesentlichen Problemen zu finden. Sie führt zu Resignation, lähmt die kreativen Kräfte im Menschen und setzt alles auf die imaginäre Hoffnung, das irgendwann irgendjemand schon etwas tun wird (im Zweifelsfall der Staat).
Ich kann mich des Eindruckes nicht erwehren, dass das HARTZ-IV-Programm genau dazu führt.

Aus der Neurologie des Fehlers wissen wir inzwischen, dass das menschliche Gehirn über ein spezielles Fehlererkennungs- und –bearbeitungs-Programm verfügt. Beim Erkennen eines Fehlers durchzieht eine sogenannte ERN-Welle das Gehirn und macht damit auf den Fehler aufmerksam. Das passiert noch bevor das bewusste Denken involviert ist. Während dieses Prozesses wird die aktuelle Handlung unterbrochen und die Dopaminzufuhr eingestellt. Das Rückschalten in einen langsameren Gang dient der (bewussten) Fehleranalyse und der (bewussten) Entwicklung einer neuen Strategie. BIRKENBIHL macht darauf aufmerksam, dass nach erfolgreicher Fehlerbehebung die Dopaminzufuhr wieder einsetzt. Der Mensch ist wieder intrinsisch motiviert und geht auf sein Ziel zu.
Ganz anders, wenn uns andere (in der Schule die Lehrer) sagen, was wir nun tun sollen – dabei wird kein Dopamin freigesetzt, unsere Motivation lässt stark nach. Oder noch schlimmer, wenn es bei Fehlern nur darum geht, den Schuldigen zu finden. Dann hat es sich ausgeDOPAMINt.

Der Hirnforscher Markus ULLSPERGER vom Max-Planck-Institut für neurologische Forschung in Köln erzählt in diesem Zusammenhang das folgende Beispiel:
Als im Jahr 1999 das prestigereiche Marsprojekt mit der Raumsonde „Mars Polar Lander" floppte und sich von einem Augenblick auf den anderen ca. 400 Millionen Dollar in Luft auflösten, warteten die verantwortlichen Manager auf ihre Entlassung. Doch genau das passierte nicht, und zwar mit der Begründung, dass man doch gerade Millionen in ihre Ausbildung investiert hatte. (Quelle: http://www.spiegel.de/spiegel/print/d-52985331.html)
Ein auch in Amerika sicher nicht gewöhnlicher Umgang mit derartigen Fehlern, aber allemal eine Anregung, über unsere Fehlerkultur nachzudenken.

Wenn Sie lernen, Fehler zu lieben, dann kann Ihnen das die Entscheidung erleichtern, welchen Weg Sie an der Kreuzung wählen sollen.
Irgendwann kommen Sie bei der Verbesserung Ihrer Fähigkeiten und Fertigkeiten an diese Kreuzung. Ich nenne sie die Amateur-Kreuzung. Hier entscheidet sich, ob Sie den Weg zum Profi gehen oder nicht. An dieser Kreuzung entscheiden Sie sich für das „bewusste Üben", für „deliberate practice", für das Üben an der Grenze zur Panik-Zone und für die ständige Auseinandersetzung mit den Fehlern und Unzulänglichkeiten bei dem Aspekt Ihres Könnens, bei dem Sie zu den Besten gehören wollen.

5.4. Steine im Fluss - So übt Vera F. Birkenbihl

Im Einstieg zu diesem Buch habe ich beschrieben wie ich Versuchskaninchen bei Vera F. BIRKENBIHL wurde.

Dabei hat sie mit mir einen Vortrag geübt, was für mich etwas Besonderes war, für sie allerdings nicht. BIRKENBIHL hat einen ganzen Pool von Versuchskaninchen, mit denen sie einzelne Passagen oder komplette Vorgehensweisen bei Seminaren und Vorträgen übt.

Dieses Vorgehen hat also Methode und macht einen großen Teil ihres Erfolges aus. Da Vorträge von BIRKENBIHL immer neue Aspekte enthalten, muss deren Präsentation natürlich geübt werden – etwas, das den meisten Menschen klar ist, ohne dass sie es berücksichtigen. So kommt es sehr häufig in der Szene derer, die mit „Reden" ihre Brötchen verdienen, dazu, dass unausgereifte Konzepte verbal weitergegeben werden. Warum üben? ... Es wird schon klappen. BIRKENBIHL übt Vorträge in dieser Art ca. 5 bis 15 mal. Ich selbst war sehr oft als Versuchskaninchen dabei. Viele Dozenten staunen über den Zeitaufwand und meinen, dass man sich das doch gar nicht leisten könne. Wer sechs Stunden täglich zu halten hat, wie soll der 5 bis 15 mal üben?
Das ist völlig klar. Jede Stunde jeden Tag neu zu durchdenken, geht nicht. Was aber geht, ist eine regelmäßige Einbindung von neuem Wissen in den Unterricht. Und das sollte man schon vorher testen.
Es können ja durchaus kleine Sequenzen von 5 bis 10 Minuten sein. Hier entsteht der Übungseffekt durch die kontinuierlichen Wiederholungen in kurzen Zeiteinheiten – immer und immer wieder. Nur so gewöhnt sich das Gehirn daran. Was entsteht, sind kleine Bausteine von Wissen und Können, auf die man immer wieder zurückgreifen kann. Es wäre nicht Vera F. BIRKENBIHL, wenn sie dieser Methode des Übens mit Versuchskaninchen nicht auch einen griffigen Namen gegeben hätte: Steine im Fluss.

Vielleicht sind Sie als Kind auch einmal über einen Fluss gesprungen, von Stein zu Stein, ohne sich nass zu machen.
Manchmal sind Sie vielleicht auch mal ausgerutscht und dann – platsch – landeten Sie im Wasser. Je größer und trockener die Steine waren, desto besser für das Hinüberkommen.
Und diese Metapher hat BIRKENBIHL auf ihre Übungsmethode angewandt. Die Steine im Fluss sind also stabile neuronale Muster, die sich sofort aktivieren lassen, wenn sie gebraucht werden. Stellen Sie sich vor, Sie hätten bei Prüfungen so etwas und könnten die Prüfung selbst nachts um zwei absolvieren, wenn man Sie aus dem Tiefschlaf weckt.

In der Schule werden oft Aufsätze geschrieben und jeder geht davon aus, dass diese gleich beim ersten Mal perfekt werden. Daraus entstehen dann solche Glaubenssätze wie „Dafür habe ich kein Talent“ oder „Das ist nichts für mich“.
Toll. Haben wir uns doch damit selbst eine gute Begründung geliefert, Dinge nicht noch einmal probieren zu müssen. Die Gene sind schuld und wir sind fein raus. Sollte Schule so etwas vermitteln?

Beim Schreiben dieses Buches habe ich mehrere Abschnitte bis zu zehnmal überarbeitet. Immer wieder fielen mir Änderungen ein. Dies war nicht perfekt und etwas anderes konnte man noch verbessern. Daraus hat sich ein schrittweiser Verbesserungsprozess ergeben, den die Japaner übrigens mit Kaizen bezeichnen. In der Wirtschaft ist Kaizen eines der Führungsprinzipien geworden.

Als Jürgen KLINSMANN kurz vor der Fußball-WM 2006 von einem Reporter gefragt wurde, was für ihn als Trainer die wichtigste Aufgabe sei, antwortete er: „... jeden Spieler jeden Tag ein bisschen besser zu machen...".

Was daraus geworden ist, wissen Sie: das Sommermärchen 2006. Das zwar ohne den WM-Titel, allerdings mit einer gigantischen Stimmung, die nahezu ganz Deutschland erfasst hatte.
Wer große Dinge bewirken will, darf die Kleinigkeiten nicht außer Acht lassen.

Aber zurück zum Üben von Vera F. BIRKENBIHL.
Was unterscheidet diese Frau bei der Aufbereitung von Themen noch von „normalen" Menschen?

1. Sie liest unheimlich viel. Zu neuen Themen beschafft sie sich Bücher im „laufenden Meter". Eines ihrer Auswahlkriterien ist dabei im Übrigen das Vorhandensein eines Stichwortverzeichnisses. So schaut sie zu einem interessanten Begriff nach, liest die entsprechenden Stellen im Buch und kriegt somit ein Gefühl für die Art und Weise, mit der der Autor schreibt. So fallen dann einige Bücher durch das Raster und andere bleiben hängen.

2. Hat sich ein Thema als wichtig herausgestellt, bleibt sie dran und bearbeitet es am Stück, ohne Ablenkung.

3. BIRKENBIHL macht eine Reihe eigener Notizen in die Bücher. So kann man direkt zu den Ideen der Autoren eigene Assoziationen hinterlegen. Und außerdem wird durch das Schreiben der Lesefluss verlangsamt und eine erste Verarbeitungsstufe kann einsetzen. Beim reinen Lesen erfolgt das nicht und

man behält im Durchschnitt sehr wenig der angegebenen Informationen und Gedanken.

4. In spezielle Hefte oder Kladden übernimmt sie teilweise wörtlich Gedanken des Autors und fertigt dazu ihre berühmten KaWas oder KaGas an.

5. Neben den Informationen aus Büchern integriert BIRKENBIHL Gedanken aus TV-Dokumentationen oder anderen Veröffentlichungen, die sie zuhauf gesammelt und archiviert hat. Ein unvorstellbar großes Reservoir an Wissen. Letztendlich praktiziert sie diese Vorgehensweise bereits seit mehr als 40 Jahren.

Nach den vorangestellten Überlegungen (10.000-Stunden-Regel, bewusstes Üben) wird nun völlig klar, warum Vera F. BIRKENBIHL, was Wissen angeht, einen Expertenstatus hat.

Heraus

Geschafft! Sie haben das Buch durch ... und ich auch. Während des Schreibens und Überarbeitens sind mir ständig neue Ideen gekommen, die ich gern noch mit hinein genommen hätte. Nun ja, irgendwann muss Schluss sein. Danke an der Stelle an alle, die mitgeholfen haben, dass es dieses Buch gibt!

Die Be- und Verarbeitung der Birkenbihl`schen Ideen in den letzten Jahren hat mich zu völlig anderen Einsichten über Lernen geführt. Damit hat das BIRKENBIHL-Virus bei mir ganze Arbeit geleistet, hat es doch bewirkt, dass sich meine gesamte Tätigkeit darauf ausrichtet. Danke Vera!

Ich konnte beobachten, dass sich viele andere Menschen, ebenso wie ich, angesteckt haben und das natürliche (eben gehirn-gerechte) Lernen wiederentdeckt haben. Ich denke hier speziell an Roswitha LACKINGER und Lilly SCHUSTER aus Österreich, die mit ihrer Begeisterung für Lernprozesse ihre Schüler anstecken und mitreißen, und an Karin und Stefan HOLENSTEIN aus der Schweiz, die sich seit Jahren der Publizierung des gehirn-gerechten Lernens in ihrer Heimat verschrieben haben.
So beginnt die jahrzehntelange Arbeit von Vera F. BIRKENBIHL Früchte zu tragen.

Wenn Sie jetzt denken, dass doch genau diese Ideen in den wohl wichtigsten Bereich institutionellen Lernens – in die Schule – gehören, dann sind das genau meine Gedanken. Vielleicht gelingt ja in den nächsten Jahren auch hier eine größere Infektion mit dem BIRKENBIHL-Virus. Der menschliche Organismus ist auf LERNEN ausgelegt – lassen wir ihn doch!
Viel Spaß und Erfolg dabei!

Ihr
Dieter Böhm

Anlagen

Anlage 1 – Auflösung der MÄNTYLÄ-Übung

Auflösung der Assoziationen von Seite 45:

1. Sonne, Regen, allgemein	**WETTER**
2. etwas tun, Substantiv	**AUFGABE**
3. Wasservogel, weiß, schön, sterbender	**SCHWAN**
4. Tiere, Schweine, Hühner, Haus	**BAUERNHOF**
5. Center, Muskeln, körperlich	**FITNESS**
6. Sehen, Veranstaltung, Arie	**OPERNGLAS**
7. Schüler, sieben, neun, dazwischen	**ACHTKLÄSSLER**
8. Glotze	**FERNSEHER**
9. Tyranno, Stego, Bronto, allgemein	**DINOSAURIER**
10. Schwein, weiblich, Winter, Temperatur	**SAUKALT**
11. Jahreszeit, Sonne, warm	**SOMMER**
12. Kohle, Knete, Moos	**GELD**
13. Senior, Beruf, niemals Zeit	**RENTNER**
14. Schule, Beruf, Pädagogik	**LEHRER**
15. Haustier, Jenny, Freddy	**HUND**

Beim letzten Begriff hatten Sie möglicherweise etwas ganz anderes. Sehen Sie, hier sind die Hundenamen „Jenny" und „Freddy" im BÖHM`schen Wissensnetz zugeordnet. „Jenny" ist unser eigener Hund und „Freddy" der Nachbarshund. Meist gehen wir unbewusst von dem aus, das wir im Wissensnetz haben. Und so erklären wir es dann anderen. Welch Wunder, dass es da oft zu Missverständnissen kommt ...

Anlage 2 – ABC-Liste: Gewöhnliche und Außergewöhnliche Gedenktage

A	Ändere-deinen-Namen-Tag (13. Februar)
B	Bloody-Mary-Tag (1. Januar)
	Butterbrot, T.d. (letzter Freitag im September)
C	Champagner, Tag des Champagners (4. August)
D	Design, Welttag des Designs (27. April)
E	Einfach-so-Tag (27. August)
F	Finde-einen-Regenbogen-Tag (3. April)
	Fehler, Nationaler Fehlertag (15. August)
	Frust, Tag der Frustrationsschreie (12. Oktober)
G	gesunde Ernährung, Tag d. ges. Ernäh. (7.März)
H	Hast-du-gepupst?-Tag (5. Februar)
I	Independence Day (4. Juli)
J	Jeanne-d'Arc-Tag (30. Mai)
K	Kaffee, Tag des Kaffees (im September)
	Knuddeln, Welt–Knuddeltag (21. Januar)
	Keine-Hausarbeit-Tag (7. April)
L	Linkshänder, Welt-Linkshändertag (13. August)
	Lehrer, Intern. Tag des Lehrers (5. Oktober)
M	Mit-Absicht-Geld-verlieren-Tag (27. Oktober)
N	Nationaler Nichts-Tag (16. Januar)
	Nett, Welt-Nettigkeitstag (13. November)
O	Öffne-drinnen-einen-Regenschirm-Tag (13.März)
P	Purzelbaum, Welttag des Purzelbaums (27. Mai)
	Positiv Denken, Tag des pos. D. (13. September)
Q	
R	Radeln, Welt-Nackt-Radel-Tag (13. März)
S	Tag der Schachtelsätze (25. Februar)
	Stell-dich-deinen-Ängsten-Tag (13. Oktober)
T	Tag der Taschenlampe (21. Dezember)
U	Unkraut, Ehrentag des Unkrauts (28. März)
V	verlorene Socke, Tag d. verloren. Socke (9. Mai)
W	Wortspiele, Tag d. schlecht.Wort.(12.November)
X	X-Day (5. Juli)
Y	
Z	Zuspätkommtag (30. Juli)

Anlage 3 – ABC-Liste: Ungewöhnliche Events in Europa

A	Allgäu-Orient-Rallye (Deutschland)
	Auf Latex durch die Strömung (Russland)
B	Bobby-Car-Rennen (Deutschland)
	Bürostuhlrennen (Schweiz)
	Baby-Parcour (Spanien)
	Badewannenregatta (Belgien)
C	Cheese-Rolling (England)
D	
E	Eierwerfen-Weltmeisterschaft (England)
F	Frauentragen-Weltmeisterschaft (Finnland)
	Feuerlauf (Spanien)
G	Grimassenschneiden-WM (England)
	Gänsereiten (Deutschland)
H	Handywerfen- Meisterschaft (Finnland)
	Hocktoberfest (Deutschland)
I	"I-A"-Rufen-Meisterschaft (Deutschland)
J	
K	Kastanienzertrümmern-WM (England)
	Kuhfladenbingo (Deutschland)
L	Luftgitarrespielen-WM (Finnland)
	Lockenfest (Italien)
M	Moorschnorcheln-WM (Wales)
	Murmelspielen-WM (England)
N	
O	Orangenschlacht (Italien)
P	Pu-Stöckchen-WM (England)
Q	Quallenball (Niederlande)
R	Raketenschlacht (Griechenland)
S	Schneetango-WM (Finnland)
T	Tomatenschlacht, La Tomatina (Spanien)
U	
V	VW-Käfer-Treffen (Österreich)
W	Weihnachtswettschwimmen (England)
X	
Y	
Z	Zehenhakeln-WM (England)

Literatur- und DVD-Verzeichnis

ARIELY, Dan: *Denken hilft zwar, nützt aber nichts.* Knaur Taschenbuch Verlag, München, aktualisierte und erweiterte Taschenbuchausgabe März 2010

BIRKENBIHL, Vera F.: *Das innere Archiv.* mvg Verlag, Heidelberg, 4. Auflage, 2007

BIRKENBIHL, Vera F.: *Lernen lassen.* mvg Verlag, Heidelberg, 2007

BIRKENBIHL, Vera F.: *Sprachenlernen leicht gemacht!.* mvg Verlag, Heidelberg, 33. Auflage, 2010

BIRKENBIHL, Vera F.: *Trotzdem Lehren.* mvg Verlag, Heidelberg, 4. Auflage, 2007

BIRKENBIHL, Vera F.: *DVD Genial lernen - Genial lehren.* Best Entertainment, 2009

BIRKENBIHL, Vera F.: *DVD Jungen/Mädchen - wie sie lernen.* Digimedia United, 2004

BIRKENBIHL, Vera F.: *DVD Rechentraining.* Gabal, 2006

BIRKENBIHL, Vera F.: *DVD Sprachenlernen leicht gemacht!.* Best Entertainment, 2008

BIRKENBIHL, Vera F.: *DVD Von nix kommt nix!.* Best Entertainment, 2005

BLACKMORE, Susan und NIEHAUS-OSTERLOH, Monika: *Die Macht der Meme- Oder die Evolution von Kultur und Geist.* Spektrum Akademischer Verlag, 2005

BODMER, Frederick: *Die Sprachen der Welt.* Parkland Verlag, Köln, Lizenzausgabe 1997

COLVIN, Geoff: *Talent wird überschätzt.* Ariston, 2009

COYLE, Daniel: *Die Talentlüge.* Lübbe, Bergisch-Gladbach, 2009

EBBINGHOUSE, Hermann: *Über das Gedächtnis – Untersuchung zur experimentellen Psychologie.* 1885

EBERT, Michael; KLOTZEK, Timm (Hrsg.): *Neon Unnützes Wissen.* Heyne, München, 2. Auflage, 2008

FAESSLER, Maria-Elisabeth: *Das Buch der Merk-Würdigen Listen.* Bassermann, München, 2006

GIGERENZER, Gerd: *Bauchentscheidungen.* Bertelsmann, München, 2. Auflage, 2007

HALBINGER, Walter: *Karikaturen zeichnen für Einsteiger.* Augustus-Verlag, Augsburg 1998

HAMEL, Gary & PRAHALAD, Coimbatore Krishnarao: *Wettlauf um die Zukunft.* Ueberreuther Wirtschaft, 1997

HERRMANN, Ulrich: *Neurodidaktik- Grundlagen und Vorschläge für gehirngerechtes Lehren und Lernen.* Beltz-Verlag, 2006

HÜTHER, Gerald: *Bedienungsanleitung für ein menschliches Gehirn.* Vandenhoeck & Ruprecht, Göttingen, 2006

HÜTHER, Gerald: *Die Macht der inneren Bilder.* Vandenhoeck & Ruprecht, Göttingen, 3. Auflage, 2006

LOKOSCHAT, Timo: *Es wird eng im Kalender.* Sanssouci-Verlag, München, 2010

NAIRONUS, Antonius Faustus: *De saluberrima potione Cahue seu Cafe.* Rom, 1671 Kaffee-Entdeckung

PRESTENBACH, Ralf; DENZER, Wolfram: *Go crazy, Unterwegs zu Europas verrücktesten Veranstaltungen.* Droemer-Knaur-Verlag, München, 2009

SAVIANO, Roberto: Gomorrha - Reise in das Reich der Camorra. Carl Hanser Verlag, München, 2007

SELIGMAN, Martin E.P.: *Erlernte Hilflosigkeit.* Beltz, Weinheim, 3. Auflage, 1999

SIEFER, Werner: *Das Genie in mir.* Campus, Frankfurt/Main, 2009

SPERLING, Walter: *Auf Du und Du mit Zahlen.* Hermann Bauer Verlag, Freiburg im Breisgau, 1962

STRUCK, Peter: *Die 15 Gebote des Lernens.* Primus-Verlag, WBG, Darmstadt, 2. Auflage, 2007

WALLECHINSKY, David; WALLACE, Amy: *Das grosse Buch der Listen.* Ullstein, Berlin, 2006

WISEMAN, Richard: *Wie Sie in 60 Sekunden Ihr Leben verändern.* Fischer, Frankfurt/Main, 2. Auflage, 2010

Stichwortverzeichnis

A
ABC-Aktiv 51
ABC-Couvert 60, 62
ABC-Kreativ 55, 59 f.
ABC-Liste 9, 22 f., 48 ff., 80, 85, 144 f.
Affe 87 f.
Amateurkreuzung 135
Assoziation 12, 26, 34 f., 42 ff., 53 ff., 67 f., 72, 140, 143
Aufmerksamkeit 123, 133

B
Ball-im-Tor I/II 38 ff.
BATESON, Gregory 131
Bauchnabel 95 f.
Bewertung 23 f., 34, 40, 90
bildungsfern 41, 109
Blinder 86 f.
BODMER, Frederik 31

C
CARROLL, Lewis 135
CHASE, William 128 f.
CHOMSKI, Noam 14
CHRISTIANI, Alexander 73, 127
COLVIN, Geoff 111, 129
CZIKSZENTMIHALY, Mihaly 12, 126

D
DAWKINS, Richard 8
3S-System 34 f., 126, 133
Demokratie der Worte 74
Depression 116, 125
Dopamin 47, 49, 124 ff., 136
Doppelcheckliste 22 f.
double-bind 131

E
EBBINGHOUSE, Hermann 29
Einsteigerbereich 30 ff., 38, 82, 102, 117 f., 126, 133
1-15-25 132 f.
Emotionen 78, 86
ERICSSON, Anders 128 f.

F
Feedback 18, 33, 39 f., 68, 103, 131 f.
Fehler 18 f., 97 f., 118, 124, 133, 136 f., 144
FELDENKREIS, Moshe 115
Flow 12, 126
Fortgeschrittenenbereich 34
Fragen 10, 21, 26, 37, 43, 57 f., 64, 70, 77, 83, 94 ff., 110 ff.
FRANKLIN, Sir John 116
Frust 26, 113 f., 118, 126 f., 131, 144

G
GALESE 119
Gedächtnis 33, 43, 53, 74, 128 ff.
Gehirn 6 f., 13 ff., 20, 29, 33 ff., 49, 53, 115, 123 ff., 136 f.
gehirn-gerecht 7 f., 10 ff., 21 ff., 39, 42, 47 55, 61, 75, 78 f., 86, 90, 94
Geige 49, 95, 127 f., 132
GILBERT, Paul 115
Gitarre 48, 115, 118, 145
Goldener Schnitt 59
GRINDER, Michael 34
GROß, Harald 108

H
hochheben 38
HÜTHER, Prof. Gerald 13, 26, 28, 121, 125

I
Imitation 40 ff., 119
Insel 122

J
Jena-Syndrom 47

K
Kaffee 74 f., 98 ff., 144
KaGa 22 f., 72, 141
Kaizen 149

KaWa 22 f., 67 f., 141
Konzentration 117 ff., 133 f.
KÖSTLER, Arthur 57, 102
Kreativität 55, 60, 94, 107, 123
Kritik 32 ff., 68, 79, 82
Kügeli 24 f.

L

LANGER, Ellen J. 28, 58
Lernberg 26, 30, 33 f., 38, 40, 82, 117 f., 126, 130 ff.
Lernen 12, 21 ff., 34, 39 ff., 43, 47, 54 ff., 61, 89 ff., 94, 108 ff., 119, 123 ff., 131 ff.
Lernprozesse 10, 13, 17, 22, 24, 30, 40, 92, 102, 115, 119, 133, 135

M

MAIER, Steven F. 136
Mäntylä 43 ff., 143
Mathematik 31, 39, 50 ff., 59 ff., 96, 105 ff., 119
Meisterbereich 34
mental 119 ff.
Metapher 26, 28ff., 78 ff., 122, 139
Methoden 13 ff., 21 ff., 44, 94, 108, 111, 120, 129
Mongolei 10, 24 ff.
Musik 43, 46, 85, 111

N

Neuromechanismen 24 ff., 42, 64 ff., 103, 110

P

Palmenroller 97, 100
Pauken 12, 27 ff.
Pen Spinning 107, 132 ff.
PISPERS, Volker 110
PÖPPEL, Ernst 33, 53
Probieren 47, 55, 60, 85, 91 ff., 132, 139

R

Rekonstruktion 43 ff., 62
RIZZOLATTI 119

S

SCHROTH, Horst 125
Schule 12, 17 ff., 25 ff., 37 ff., 46 ff., 68, 72, 80, 90 ff., 110 ff., 120 ff., 135 ff.
SELIGMAN, Martin 37, 136
SEP 74, 124
Sex 43, 53
SIEFER, Werner 109
Sinn 15 ff., 64, 80 ff., 110 ff.
Spaß 12, 22, 26 ff., 34, 75, 80 ff., 115 ff., 133
Spiegelneuronen 32, 41, 119, 121
Spiel 24, 27, 35, 46, 61, 74 ff., 89 ff., 94, 120
SPITZER, Prof. Manfred 14, 32
Stadt-Land-Fluss 48, 61, 89
Steine-im-Fluss 138 ff.

T

Talent 108, 111, 129, 139
TICHY-Modell (Lern-, Komfort-, Panikzone) 123 ff., 133
Trainings-Tipps 112

U

Üben 63, 70 ff., 107, 111 ff., 123, 126, 130 ff., 137 ff.
ULLSPERGER, Markus 137

V

Variation 122
Vergleichen 17 ff., 22, 26 ff., 36, 42, 55 ff., 67, 107, 113
Verschlusssache 69, 72
Versuchskaninchen 9, 78, 138
Virus 8 ff., 47 ff., 67, 78 f., 88

W

Werbetexter 86
Wilde Kerle 88 ff.
Wissensnetz 20 ff., 46, 53 ff.
WQS 10, 94 ff.

Z

ZDF-Wissen 20, 29
Ziel 30, 57, 73, 124, 135 ff.
Zu-MERK-samkeit 133